KB147937

# 사업계획의
# 판매계획 수립과 작성

토야마 타다오
코페경영연구소

 코페하우스

POINT ZUKAI CHIISANA KAISHA NO HANBAIKEIKAKU SAKUSEI NO
TEJUN
ⓒ TADAO TOYAMA 2001
Originally published in japan in 2001 by DAIWA SHUPPAN PUBLISHING INC.
Korea translation rights arranged through TOHAN CORPORATION, TOKYO.,
and SHIN WON AGENCY.

# 머리말

이 책은 사업경영과 사업계획에 의하여 제품과 상품, 서비스 등을 판매하는 데 필요한 종합계획과 개별계획을 수립하고 작성하는 데 필요한 판매계획의 실무요령을 다양한 표와 64개의 양식으로 구성하여 판매계획 실무 지침서로 사용할 수 있도록 다음과 같이 저술하였다.

첫째, 사업계획의 판매계획을 중요성을 판매계획의 목적과 수립의 체계와 작성 절차를 마케팅에 근거한 판매계획 수립사항 등을 설명하였다.

둘째, 목표매출액을 결정하는 종합판매계획의 수립 절차, 매출과 이익의 목표설정 방법, 비용과 한계이익의 검토와 산출 방법 등 판매의 종합계획 수립과 작성을 설명하였다.

셋째, 수요와 목표 차이를 해결하는 판매계획 프레임의 검증 방법을 수요와 목표매출액, 계획과 실적을 검증하는 방법을 관련 방법과 표, 양식을 두어 설명하였습니다.

넷째, 판매라인별 개별판매계획의 수립 절차, 월별 판매담당자별 거래처별 채널별 지역별 등 판매의 개별계획 수립과 작성 방법을 관련 표와 많은 양식으로 구성하여 설명하였다.

다섯째, 판매목표를 실현하는 판매지원계획의 수립 방법과 판매촉진계획, 판매지원 비용과 인원계획, 매출채권회수계획 드의 수립과 작성 방법을 다양한 표와 많은 양식을 두어 설명하였다.

끝으로 이 한 권으로 효과 있는 판매계획을 수립하고 작성할 수 있도록 판매계획을 작성할 때 도움이 되는 표와 양식을 되도록 많이 수록하여 이를 참조하여 자사에 맞는 판매계획을 작성에 도움이 되도록 하였다.

이 책이 기업의 사업경영과 사업계획에 상품 등의 판매계획을 수립하고 작성하는 데 도움이 된다면 큰 기쁨이겠습니다.

저자 씀

# 차 례

## 사업계획은
## 판매계획이 중요하다

## 목표매출액을 결정하는
# 종합판매계획을 작성하자

# 수요와 목표 차이를 해결하는

## 판매계획 프레임을 검증하자

판매라인에 적용하는
# 개별판매계획을 작성하자

목표를 실현하는
## 판매지원계획을 작성하자

# 찾아보기

# PART 1

사업계획은
## 판매계획이 중요하다

- 판매계획이 왜 중요한가
- 판매계획 전체를 파악하여 작성하자
- 판매계획은 의견조정이 필수이다
- 판매전략은 마케팅에 근거하여 세우자

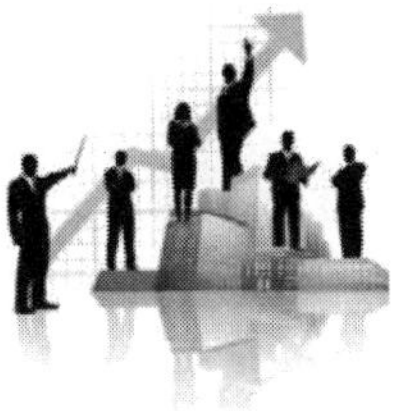

# 01 판매계획이 왜 중요한가

전략적인 경영을 위한 첫걸음

## ◢ 판매계획은 이익창출의 원천이다

중소기업을 둘러싼 경영환경은 상당히 어려워 이제까지의 경영 자세로는 살아남을 수 없는 상황이 되고 있다. 아무리 규모가 작은 기업이라도 5~10년 앞을 내다본 경영 비전vision을 가지고 그 실현을 향하여 경영계획을 책정하지 않으면, 결국은 시장으로부터 퇴출하게 되어 버릴 것이다.

매년 매출이 오르는 호경기에 기대어 매출이 늘던 무사태평이었던 시대와는 상황이 전혀 다르다. 이제부터는 어떻게 전략적인 경영을 할지가 승패를 가르는 결정적인 근거가 된다고 해도 과언이 아니다.

그럼 전략적인 경영이란 무엇을 가리키는 것일까?

중장기적인 경영계획에 따라 과감하게 설비투자를 검토하거나, 조직 개혁을 착수하는 기업도 있을 것이다. 그러나 중소기업이 가장 먼저 하는 것은 확실한 판매계획을 책정하는 것이다. 기업은 적절한 이익의 확보가 되어야 존속할 수 있다. 그리고 기업의 이익은 그 대부분이 판매

(영업)활동에 의해 창출되는 것이다.

매출액 중시에서 이익 중시의 시대로 변한 시대에, 기업이 효율적으로 이익을 올리기 위해서는 판매계획의 입안과 실행이 빠질 수 없다. 또한, 판매계획서를 작성하는 것은 자사의 손익구조를 재검토하는 것으로 이어져 거기에서 발견된 문제점은 중장기적인 경영계획에 반영되어야 할 것이다.

## ◤ 기업의 수익은 목표가 결정한다.

판매계획은 기업이 적절한 수익을 확보하기 위해 작성하는 것이지만 그전에 기업에서 수익은 무엇으로 어떻게 결정되는지 그 의미를 이해하여야 할 것이다.

일반적으로 수익에 대해서는 다음과 같이 2가지로 파악할 수 있다.

### ❶ 수익은 결과로서 생긴다.

기업이 올린 수익에서 그것에 소요된 비용을 제외하고 남은 것이 이익이라고 하는 사고방식이다. 이것은 하나의 논리로서는 성립하지만, 실제 경영에는 이른바 추세에 맡기는 것이 될 위험성이 있다.

매출액에 비례하여 이익도 확실히 오른다고 하는 경영환경이라면 이 사고방식도 좋을지 모른다. 그러나 디플레경제deflation* 안에서 가격파괴가 당연시되고 있는 요즘 이것으로는 적절한 이익을 확보하는 것은

---

* 통화량의 축소에 따라 물가가 하락하고 경제 활동이 침체되는 현상

곤란하다.

## ❷ 수익은 목표가 결정한다

목표로 하는 이익의 금액을 정하고 그 이익을 확보하기 위해서는 어느 정도의 매출이 필요한지를 검토한다고 하는 사고방식이다. 언뜻 보기에는 이 사고방식은 과격하게 보일 수 있지만, 기업의 손익구조를 재점검하거나 개선하기 위해서는 효과적이다.

매출액의 증가보다도 이익의 확보를 중시하면 먼저 목표를 검토·설정하는 것이 필요하다.

이처럼 기업의 당연히 하여야 할 손익구조를 파악한다면 기업으로서 비약하는 첫걸음을 내딛는 것이 가능하다. 지금 중소기업에 요구되는 것은 이익을 결과로서가 아닌 목표로서 파악하여 전략적인 판매계획을 작성·실행하는 것이다.

# 02

## 판매계획 전체를 파악하여 작성하자

판매계획 작성의 필수조건

## ◆ 경영계획에서 판매계획의 비중을 결정하자

이익구조의 개선을 목표로 하는 기업은 중장기적인 경영계획과 연계한 판매계획을 작성할 필요가 있다. 중장기적인 경영계획은 일반적으로 3~5년을 하나의 기준으로 작성한다. 그 사이의 외부환경 변화를 예측하고 기업의 방향성을 명확히 하는 것이 주된 목적이다.

한편, 판매계획은 중장기경영계획에 근거한 연간계획으로 자리매김하고 있다. 즉, 경영계획을 구체화하기 위한 실행계획의 하나이다.

실행계획에는 판매계획 이외에 생산계획, 자금계획 등이 있고 그것들은 판매계획을 근거로 책정된다. 그뿐만 아니라 판매계획의 작성은 경영 전반에 영향을 미치는 상당히 중요한 작업이다. 현재 상태보다 한 단계 높은 레벨의 손익구조로 가기 위해서는 판매계획의 작성은 필수적이다.

## ■ 종합판매계획의 작성하자

경영계획에 근거하여 작성된 판매계획은 먼저 종합판매계획으로서 정리한다. 종합판매계획이란 시장이나 자사의 판매력을 분석한 후, 목표이익이나 목표매출액을 기업 전체의 계획으로 정리한 것이다. 따라서 이 작성에 관련되는 사람은 경영진이나 본사 스텝이 중심이 된다.

이에 따라 기업의 매출예산 즉 목표 수치가 결정된다.

여기서 주의하여야 하는 것은 목표치를 설정할 때의 방법과 순서이다. 목표치의 설정방법에는, 경영진이나 본사 스텝이 설정한 수치를 판매부문에 지시하는 하향(top down)방식이나 판매부문이 세운 판매목표를 누적시키는 상향(bottom up)방식이 있다. 하향방식에서는, 중장기경영계획에 따른 수요가 판매계획에 직접 반영되지만 반면에 판매부문에는 강요된 목표로 비추어질 우려가 있다.

한편, 상향방식에서는 시장의 실태를 반영한 현실적인 목표치가 설정되어 각 판매담당자의 달성의욕도 커지게 될 것이다. 그러나 판매부문의 예산은 종종 기업 전체 수준의 필요예산에 미치지 못하여 판매계획을 작성하는 의미가 반감해 버린다. 그래서 하향방식과 상향방식의 중간적인 방법을 생각할 필요가 있다.

즉, 기업으로서 필요예산을 설정하고 그 수준을 기본으로 하여, 판매부문(처)에서 올라온 목표치와의 조정을 하는 것이다. 이 조정작업에는 시간과 노력이 소요되지만, 전사적인 의견일치를 얻는 것은 최적의 판매계획을 작성하여 그것을 실행에 옮기기 위해 필요불가결하다.

# 판매계획의 프레임

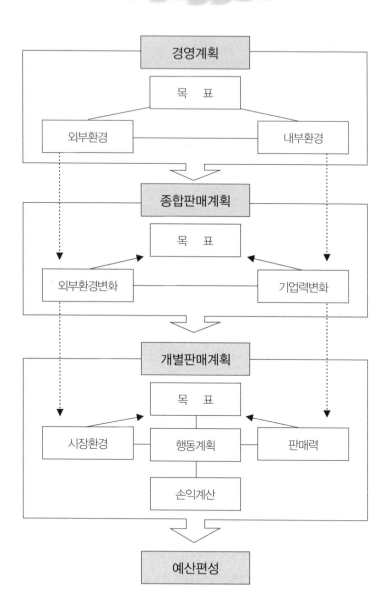

## ◢ 개별판매계획의 작성하자

종합판매계획은 기업 전체의 매출예산(판매목표)은 알 수 있지만 무엇을, 누구에게, 얼마나 팔면 되는지 구체적인 판매활동 방향성을 알 수 없다. 그러므로 이 종합판매계획을 담당자별, 고객별, 상품별 등으로 더욱 세분화할 필요가 있다. 이것을 개별판매계획이라 한다.

개별판매계획은 판매부문의 책임자와 관리자 나아가 판매의 최일선에서 활동하고 있는 판매담당자가 중심이 되어 작성한다. 여기서 중요한 것은 앞에서 기술하였듯이 개별판매계획이 단순히 판매부문의 담당자가 제출한 목표치를 누적해 가는 것이 아니라는 것이다.

개별판매계획은 전사적인 경영방침이 반영된 종합판매계획을 근거로 작성·조정되고 있기 때문에 담당자로부터의 누적 수치를 집계한 것과 반드시 일치하는 것은 아니다.


## ◢ 판매지원계획의 작성하자

판매계획은 매출예산을 중심으로 작성되지만, 실제의 판매활동에서는 어떻게 고객에게 다가가 수주로 연결하게 할지 그 방법에 대해서도 계획을 세울 필요가 있다.

매일매일의 판매활동 방침을 나타내는 고객방문계획이나 캠페인계획 등의 예산을 편성한 판매촉진계획 등 판매계획을 강화하려는 방법을 지원계획으로서 정리하는 것이 필요하다. 지원계획에는 고객계획, 촉진계획, 채권회수계획, 매출채권회수계획, 비용계획, 인원계획 등이 있다.

목표로 하는 매출액을 달성해도 대금을 회수할 수 없으면 아무것도 안 된다. 판매담당자는 평소에 매출채권의 관리를 하여야 한다. 사업소나 영업소 등에서는 판매경비의 절감에 의해 이익률의 증가를 도모하는 것도 중요한 과제가 된다.

판매인력의 효과적인 배치도 검토해야 한다. 판매계획에서 설정된 목표가 원활하게 달성되기 위해서는 이러한 지원계획이 중요하다. 그래서 종합판매계획, 개별판매계획과 주된 지원계획에 대해서도 설명하고자 한다.

# 03

## 판매계획은 의견조정이 필수이다

판매자 · 지원자 · 경영자의 의견조정

### ◢◣ 판매부서와 지원부서는 분야가 다르다

종합판매계획은 경영진의 경영방침 아래에서 목표이익을 설정하고 그것을 달성하기 위한 매출액을 결정하는 것이 중심이 된다. 이것은 판매계획의 큰 틀이라고도 할 수 있으며, 중장기경영계획이나 관련 부문의 조정이 필요하다.

또한, 실제로 달성 가능한 목표인지 어떤지에 대한, 시장동향이나 자사 판매력을 분석하는 것이 중요하다. 아무리 보기 좋은 판매계획이라도 실현될 수 없다면 그림의 떡에 지나지 않는다.

본래 판매목표는 판매예측에 따라 설정되고 판매목표와 판매예측은 동등한 관계에 있다. 그러나 실제로는 양자 사이에 큰 차이를 보이는 사례가 적지 않다. 그 이유로 다음과 같다.

### ❶ 판매부서는 수요예측이 어렵다

판매예측은 수요예측을 근거로 하지만 수요를 파악하는 데에는 객관적인 데이터의 분석이 필요하다. 그러나 판매담당자의 다수는 일상의 판매활동에 쫓기어 데이터 분석에 필요한 시간이 부족하다.

### ❷ 지원부서는 판매예측이 어렵다

지원부서는 데이터를 분석하고 어느 정도의 정확성으로 수요를 예측할 수 있지만, 판매현장의 실정을 모르기 때문에 수요예측을 판매예측으로 결부시키기가 어렵다.

### ❸ 판매부서는 낮추는 경향이 있다

판매부서는 판매목표의 달성률로 평가되기 때문에 목표를 낮게 설정한다. 따라서 목표를 뒷받침하는 판매예측도 비교적 낮게 예상하는 경향이 있다.

## ◢◣ 판매계획수립에서 판매목표를 정하자

실효성 있는 판매계획을 작성하기 위해서는 지원부서와 판매부서의 의견 조정뿐만 아니라 경영진의 사고방식을 확실히 해 둘 필요가 있다.

예를 들면 판매예측에 맞는 매출액을 달성해도 기업을 유지할 수 있을 만큼의 매출총이익을 확보할 수 없었다고 하면, 경영진은 여러 차례 매출목표를 끌어올리는 것으로 어떻게든 이익을 올리려고 한다. 그러나 판매목표는 판매계획을 작성하는 중에 설정되어야 한다.

판매담당자에게 과대한 판매목표를 제시한다고 성과를 올리는 것은 아니다. 판매목표는 희망적 관측을 근거로 하거나 궁여지책으로 하면 안 된다.

## ◢ 판매계획은 예측시스템이 필요하다

회사 내의 의견차이는 판매계획의 작성을 시작하기 전에 가능한 배제 한다. 그러기 위해서는 먼저 사원 전원이 판매계획의 중요성을 이해할 필요가 있다.

그리고 판매담당자 한 사람 한 사람이 수요예측·판매예측을 할 수 있는 시스템을 구축하는 것이다. 즉 판매부서가 관리부서와 연계하여 중요 동향을 정확하게 포착할 수 있는 체제를 만드는 것이다.

이러한 조직의 개혁은 대기업에서뿐만 아니라 중소기업에도 요구되고 있다. 더욱이 경영진은 안이하게 판매목표를 높이지 말고 손익구조의 근본적인 재검토나 새로운 판매전략의 입안에 전력을 기울여야 한다.

# 04

## 판매전략은 마케팅에 근거하여 세우자

고객을 아는 것이 선결

### ■ 외부환경을 분석하자

판매계획의 작성에는 그 토대가 되는 판매전략을 책정하여야 한다. 그러기 위해서는 시장동향이나 자사의 판매력 등을 조사해 둘 필요가 있다. 또한, 판매목표의 설정에서 본사 스텝부서와 판매부서와의 조정작업을 진행하는 한편 시장의 실태를 파악해 두는 것이 중요하다.

즉 기업을 둘러싼 환경이나 자사의 경영 자원을 충분히 조사·분석해 두는 것이 확실한 판매계획을 작성하기 위한 포인트이다. 판매계획을 작성하기 전에 검토해야 할 사항은 다음과 같다.

먼저 사업을 둘러싼 환경에 대해 분석하여야 한다. 사업환경은 크게 외부환경과 내부환경으로 크게 나뉜다. 먼저 상품이 시장에 받아들여질지 어떨지에 대한 수요를 예측하기 위해 외부환경을 분석한다.

외부환경은 시장외적 환경과 사장내적 환경으로 분류하여 생각할 수 있다.

### ❶ 시장외적환경

중장기적으로 보아 판매실적에 영향을 미친다고 생각되는 요인으로 경제적 요인(GDP 성장률, 금리·환율동향, 물가 수준 등)이나 정치적 요인(규제 완화, 법 개정 등), 사회적 요인(인구구성, 생활방식의 변화 등), 나아가 기술적 요인(신기술의 발명·개발동향 등)이 있다. 이러한 분석은 본래 중장기경영계획을 작성하는 단계에서 이루어지고 있지만, 시장의 변화를 놓치지 않기 위해 연간계획으로서 정리하여 판매계획의 작성에서도 확인해 둘 필요가 있다.

### ❷ 시장내적환경

고객동향과 경합기업의 동향, 상권·입지의 변화 등이 있다. 이것들은 판매계획에서 수요예측에 직결하기 때문에 가능한 한 상세한 자료를 수집하고 분석하여야 한다.

예를 들면 상품의 보급률이나 잠재 수요 그리고 고객의 구매 동기나 구매 패턴, 거래처 기업의 새로운 사업전개, 경합기업의 신상품이나 판매촉진책의 변경 등, 다양하게 분석할 필요가 있다.

# 환경분석에서 판매계획까지

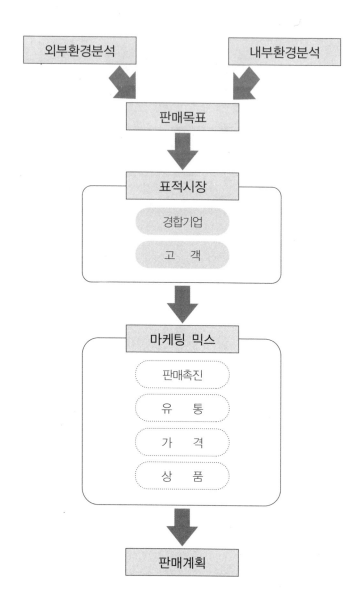

## ◢◤ 내부환경을 분석하자

기업에서 내부환경이란 사람, 상품, 자금 등의 경영자원 전반을 말하지만, 판매계획에는 주로 판매력을 말한다. 구체적으로는 종업원의 능력이나 사기, 판매체제, 관리시스템, 거래조건 등이 있다. 이러한 판매력 전반에 대해 경합기업과 차이나 문제점 등을 개선해야 할 점이 없는지 검토한다. 특히 종업원의 능력에 대해서는 목표매출액을 점검할 때에 확인하는 노동생산성이나 노동분배율을 분석한다.

$$\text{노동생산성} = \frac{\text{연간매출총이익(매출액)}}{\text{종업원의 수}}$$

$$\text{노동분배율} = \frac{\text{인건비}}{\text{매출총이익}} \times 100$$

노동생산성은 1명당 얼마의 수익을 올리고 있는가를 나타내는 지표로 이 수치가 클수록 수익성이 높은 것이 된다. 노동분배율은 이 수치(%)가 높아질수록 인건비의 부담이 커지는 것을 나타낸다. 이러한 자사의 판매력을 분석하는 것은 종합판매계획이나 개별판매계획에서 판매목표를 설정·할당할 때에 필요하다. 사전에 파악해 두면 판매전략의 입안에 도움이 된다.

# ◢ 판매부서는 마케팅 전진기지이다

충분한 환경분석에 의해 처음으로 정확한 판매목표를 설정할 수 있지만, 판매계획을 작성하는데 있어서는 환경분석 중에서도 특히 고객분석이 중요하다. 고객분석을 하기 위해서 고객정보는 다음과 같이 2가지가 있다.

## ❶ 공개자료에 의한 고객정보

거래처가 기업인 경우 회사정보, 유가증권보고서, 조사회사의 리포트 등으로부터 조직체계나 경영상태 등에 대한 기본정보를 얻을 수 있다. 또한, 신문, 업계전문지(잡지), TV·라디오 등에 의해 고객이나 시장의 변화를 알 수 있다.

## ❷ 판매활동에 의한 고객정보

판매담당자가 일상의 판매활동을 통하여 얻은 정보로 판매전략을 세우는 데 상당히 도움이 된다. 예를 들면 고객이 기업인 경우 발주 시 조건이나 요구사항을 자세히 파악해 두면 대응방법을 궁리할 수 있다. 상대가 개인이라면 상담으로 고객의 수요에 대한 예측이 가능하다.

또한, 판매담당자에게 보내진 질문이나 배상청구사항도 귀중한 정보이다. 고객의 실제 소리를 듣는 것은 상품 개발이나 판매촉진책의 입안 등에 크게 도움이 될 것이다. 이러한 정보는 각 판매담당자로부터 판매부서로 모이고 나아가 상층부로 보고된다. 즉 판매부서는 마케팅의 전진기지로서도 중요한 역할을 담당하고 있는 것이다.

## ◤ 자사상품의 영향력을 분석하자

　다양한 정보수집을 하여 집계결과만을 보는 것은 유용한 판매전략은 아니다. 입수한 정보를 어떻게 판매전략·계획에 반영시키면 좋을지를 생각하여야 한다. 환경분석을 하는 데에 중요한 것은 먼저 변화를 보는 것이다.

　외부환경의 시장외적 환경이든 시장내적 환경이든 자사 상품의 판매와 관련 깊은 요인을 선별하여 그 변화와 영향의 크기를 측정하면 되는 것이다. 그렇게 하는 것으로 시장이나 수요에 관한 정보가 한 발짝 판매예측에 가깝게 되는 것이다. 그러나 환경요인의 변화와 자사의 영향이 반드시 수치로 나타나는 것은 아니다.

　그래서 다음의 표를 작성하여 정보의 정리와 분석을 한다. 그 작성순서는 다음과 같이 한다.

### ❶ 환경요인을 분류한다

　자사상품에 영향을 줄 것 같은 환경요인을 분류한다. 경제적 요인, 정치적 요인, 경쟁기업의 동향, 상권·입지 등으로 분류한다.

### ❷ 중요도에 따라 평가한다

　영향력이 높은 요인부터 5단계로 평가한다.

### ❸ 변화의 크기에 따라 평가한다

　변화가 큰 요인부터 5단계로 평가한다.

## ❹ 영향력의 지수를 산출한다

❷×❸ = 영향력의 지수이다.

이 수치가 높은 것이 지금 주목해야 하는 환경요인이라고 할 수 있다. 이러한 분석은 수요동향을 찾는 기준으로서 도움이 된다.

# 영향력 지수표

| ①환경요인 | | ②중요도 | ③변화도 | ④영향력지수 |
|---|---|---|---|---|
| 경제환경 | 환율 | 3 | 2 | 6 |
| | 주택 착공수 | 5 | 2 | 10 |
| | 상여 수준 | | | |
| 사회환경 | 전직율 | 5 | 3 | 15 |
| | 대학 진학율 | 2 | 1 | 2 |
| | 출생률 | 2 | 1 | 2 |
| 정치환경 | 공공 투자액 | | | |
| | 금융 정책 | | | |
| | 세제 개정 | 5 | 5 | 25 |
| 자연환경 | 평균 기온 | | | |
| | | | | |
| 업계동향 | 수입 상황 | 3 | 4 | 12 |
| | 계열화 | | | |
| | | | | |
| 기술동향 | 대체상품 개발 | 2 | 5 | 10 |
| | | | | |
| 경합기업 동향 | N사 참가 | 5 | 5 | 25 |
| | T사 철거 | 4 | 5 | 20 |
| 상권동향 | H지점 개설 | 5 | 5 | 25 |
| | | | | |
| 거래처동향 | Y사 도산 | 4 | 5 | 20 |
| | | | | |
| 소비자동향 | 보급률 | 5 | 3 | 15 |
| | | | | |
| | | | | |

## ■ 표적시장을 결정하자

이제까지 중소기업은 마케팅에 관하여 조금은 무관심하였다. 그것은 기업경영에서 계열이나 업계 내의 서로 의지하는 구조로 있었기 때문이기도 하다. 그것은 적당한 가격경쟁 안에서 눈앞의 이익에 시장의 움직임을 관찰할 여유조차 없었던 것일지도 모른다.

그러나 이제부터는 면밀한 마케팅을 하고 표적으로 할 시장을 정하여 효과적인 판매전략을 세우지 않으면 살아남을 수 없는 시대가 되었다. 표적시장을 선정할 때의 포인트는 다음과 같다.

### ❶ 시장 세분화

공통하는 수요나 구매 행동, 생활방식 등을 근거로 고객이나 시장을 분류한다. 그 분류 방법은 다양하다. 다음과 같이 분류할 수 있다.

① 지리적 요인 : 지리적인 단위를 기준으로 한다.
  예를 들면, 행정구분, 인구밀도, 인구규모, 거리, 기후 등을 기준으로 분류한다. 이용객이 많은 역 앞 등을 중심으로 점포 전개하는 사례이다.

② 인구통계적 요인 : 인구통계적인 변수를 기준으로 한다.
  연령, 성별, 소득, 가족구성, 교육수준, 직업 등을 기준으로 한 분류방법이다.

③ 고객의 심리적 요인 : 고객의 심리나 가치관을 기준으로 한다.
  고객의 성격이나 취미, 생활신조, 또는 그러한 가치관이 반영된 구매동기 · 구매 행동에 따라 분류한다.

## ❷ 표적시장

시장 세분화에 따라 분류된 고객 그룹을 비교·검토하고, 가장 잠재성이 높은 그룹을 표적시장(고객그룹)으로 정한다. 이때의 평가 기준은 다음과 같다.

① 시장규모와 잠재적인 성장성

그 고객 그룹에서 충분한 매출액과 이익을 올리고 있는지 어떤지, 중장기적으로 보아 수익의 향상이 기대 가능한지 어떤지 등이 포인트 point가 된다.

② 잠재적인 경쟁

잠재적 성장성이 높은 시장은 앞으로 경쟁이 격화되는 것도 생각할 수 있다. 그와 같은 시장에 참가하는 경우 경쟁에 이길 만큼의 경영자원이 있는지 없는지를 검토한다. 또한, 시장이 크면 그만큼의 유통이나 선전·광고에 드는 비용도 늘어난다.

③ 시장과 자사의 매칭 matching

아무리 성장성 높은 커다란 시장이라도 자사의 강점을 살릴 수 있는지 없는지를 검토할 필요가 있다. 예를 들면 경영자원이 충분하지 않기 때문에 시장규모에 어울리는 판매전략을 세울 수 없는 때도 있다. 이처럼 표적시장이 정해지면 그 시장(고객)에 조준을 맞춘 효율적인 시장전략을 세우는 것이 가능하다.

구체적인 판매계획의 작성과정에서는 표적시장을 상관지표 등을 이용하여 자세히 분석한다. 다만, 여기서는 표적시장을 정하는 중요성과 그 기본 사고방식을 이해하자.

# ◤ 마케팅믹스를 이용하여 접근하자

표적시장을 정하였다면 드디어 구체적인 시장전략을 세우게 된다. 마케팅전략의 기본은 표적으로 하는 시장에서 고객의 수요를 좁혀 경합하는 기업보다 높은 가치의 상품이나 서비스를 제공하는 것이다. 그 방법으로는 마케팅믹스 marketing mix를 염두에 두고 생각할 필요가 있다.

마케팅믹스란 자사의 상품이나 서비스의 특징이나 품질을 근거로 "상품, 가격, 유통, 판매촉진"이라고 하는 4개의 구성요소를 잘 조합하여 고객에게 접근하는 것이다. 구체적으로는 각각의 구성요소에 대해 다음과 같이 검토한다.

## ❶ 상품

마케팅믹스에서 가장 중요한 요소이다. 상품의 특징이나 매력을 표적시장의 고객에게 확실하게 전하여 구매 행동으로 연결되도록 한다. 그러기 위해서는 상품의 종류나 브랜드 brand, 더 나아가 패키지 package 등에 대해서도 충분한 검토가 필요하다.

## ❷ 가격

경합기업과의 차별화를 도모하기 위해서는 가격설정이 중요하다. 경쟁기업의 상품과 같은 품질이면 가격이 낮으면 고객만족도는 높아진다. 단, 가격을 설정할 때에는 비용의 검토가 필요하다.

### ❸ 유통

우수한 유통채널Channel이 있는 경우에는 매출액이나 매출총이익은 크게 달라진다. 그러므로 유통시스템의 구축이 중요한 과제이다.

### ❹ 판매촉진

광고·선전, 판매촉진이라고 하는 활동은 고객과의 커뮤니케이션으로 잠재수요를 발굴하기 위해 중요하다.


## ◤ 판매예측의 정확성을 높이자

마케팅에 의해 수요예측이 가능하다면 그것을 판매예측으로 연결되도록 한다. 판매예측이란 잠재수요를 포함하는 시장력과 과거실적 등으로부터 추측할 수 있는 자사 판매력을 저울질하면서 정확히 평형이 되는 지점을 가려내는 것이다.

실제로는 판매예측을 완벽하게 가능하기는 어렵다. 가능한 한 정확하게 판매예측을 하도록 노력하여야 한다. 왜냐하면, 판매예측의 좋고 나쁨에 의해 이익에 커다란 차이가 생기고 결국에는 기업의 성쇠와 관련되기 때문이다.

판매예측의 중요성에 대하여 알아보자. 예를 들면 판매예측의 정확성이 10% 상승(실수요의 차이 해소)하면 얼마나 이익률이 오르는지를 알아보자.

다음과 같이 계산식을 사용하여 실제로 효과측정을 해보자.

# 판매예측 사례 연습

## 1. 반품

월간매출액 : 5000만원, 반품율 : 10%, 물류비율 : 5%, 영업비율 : 10%, 투매할인율 : 80%라고 가정하면, 손실액은 5000만원×10%×(5%×2＋10%＋80%)＝500만원(①)이 된다.

※ 투매할인율은 반품된 상품을 할인하여 팔았을 때의 가격. 물류비는 반품과 재판매2회분은 필요하다고 보고 계산

## 2. 품절

상기 조건에 대하여, 품절율 : 10%, 매출총이익률 : 50%로 가정하면, 손실액은 5000만원×10%×50%＝250만원(②)이 된다.

## 3. 재료 재고

재료비율을 20%, 재고 기간을 2개월로 하면, 재고액은 5000만원×20%×2개월＝2000만원(③)

## 4. 미완성품 재고

미완성품 원가율을 30%, 재고 기간을 2개월로 하면, 재고액은 5000만원×30%×2개월＝3000만원(④)이 된다.

## 5. 완성품 재고

원가율을 50%, 재고기간을 2개월로 하면, 재고액은 5000만원×50%×2개월＝5000만원(⑤)이 된다.

재고 합계는, 1억원이 된다. 더욱이 차입금리의 부담을 6%, 보관비를 4%로 가정하여, 재고비용(⑥)을 계산하면, 1억원×10%×(6%＋4%)＝100만원이 된다.

그리고 반품, 품절, 재고 비용을 합계하면 850만원(⑦)이 되고, 이것은 월간 매출액의 17%(⑧)에 달한다. 즉 이 케이스와 같이 반품이나 품절, 재고를 많이 안고 있는 기업에서는 실수요 차이를 10% 줄이는 것만으로 17%의 이익 증가를 도모하게 될 것이다.

# 판매예측의 효과 계산

## 1. 반품(투매판매)

월간매출액 반품율 물류비용 영업비율 투매할인율

[　　원] × [　%] × ( [　%] × 2 + [　%] + [　%] ) = ① [　　원]

## 2. 품절

월간매출액 품절률 매출총이익

[　　원] × [　%] × [　%] = ② [　　원]

## 3. 재료 재고

월간매출액 재료비율 재고기간

[　　원] × [　%] × [　개월] = ③ [　　원]

## 4. 미완성품 재고

월간매출액 미완성원가율 재고기간

[　　원] × [　%] × [　개월] = ④ [　　원]

월간매출액　원가율　재고기간

| 원 | × | % | × | 개월 | = ⑤ | 원 |

재고합계(③+④+⑤)　실수요갭율　차입금리　보관비율　재고비용

| 원 | × | % | ×( | % | + | % | ) = ⑤ | 원 |

월간손실합계(①+②+⑥) = ⑥　　원

$$월간증가이익률 = \frac{⑦}{월간매출액} = ⑧ \quad \%$$

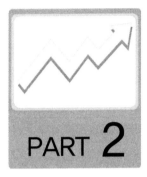

PART 2

목표매출액을 결정하는
## 종합판매계획을 작성하자

- 종합계획 작성절차를 파악하자
- 목표이익을 설정하자
- 비용을 검토하자
- 한계이익을 산출하자
- 매출총이익을 산출하자
- 목표매출액을 산출하자

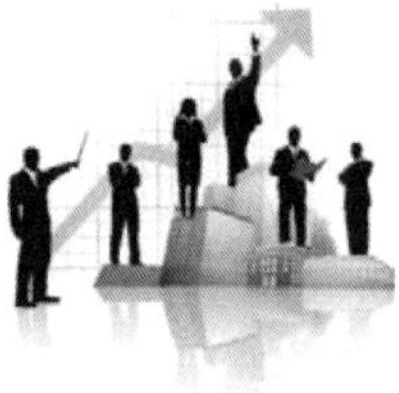

# 01

## 종합계획 작성절차를 파악하자

목표이익에서 목표매출액까지

### ◼ 작성준비에서 작성완료까지

PART 1에서 설명하였듯이 판매계획의 작성은 종합판매계획을 몇 번이고 다듬어 완성하는 것에서부터 시작하여야 한다.

종합판매계획의 책정에는 그 실현성에 대해 상세한 검토가 필요하지만, 그 방법에 대해서는 PART 3에서 자세히 설명하고 여기서는 종합판매계획 작성준비에서 작성완료까지의 단계별 흐름을 요약하여 설명한다.

### ❶ 목표이익을 설정하자

목표이익(경영이익)의 설정은 경영계획의 중심이 되는 것으로 판매계획을 작성할 때의 기준이 된다.

### ❷ 한계이익을 산출하자

다음으로 필요한 한계이익을 구한다. 한계이익은 고정비를 회수 한

후 이익을 더 창출하기 위한 원천이다. 한계이익을 산출하기 위해서는 비용을 고정비와 변동비로 나누어 1년간 필요한 고정비를 파악한다. 이 고정비와 앞에서 설정된 목표이익을 합산하면 한계이익이 산출된다.

### ❸ 매출총이익을 산출하자

한계이익에 판매변동비를 더하는 것으로 목표로 하는 매출총이익액이 산출된다.

### ❹ 목표매출액을 산출하자

목표 매출총이익금액이 산출되면 이것을 달성하는 데 필요한 매출액을 계산한다. 단, 판매부문에 대한 각 부서의 할당은 매출총이익의 단계에서 하는 때도 있다.

# 판매계획 작성 순서

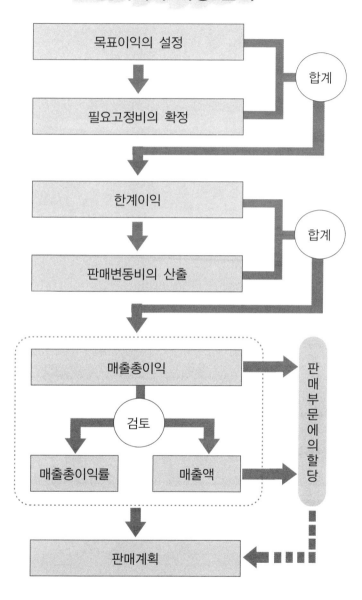

# 02 ━━━ ━━━ ━━

## 목표이익을 설정하자

판매목표는 이익설정에서부터 시작

## ◾ 목표는 실적보다 높게 설정하자

판매계획은 목표매출액을 결정하는 것이 기본이지만 그러기 위해서는 먼저 목표이익을 결정할 필요가 있다. 그럼 어떻게 목표이익을 설정하면 좋을까? 이미 기술했듯이 판매계획이 전략적이기 위해서는 결과의 이익이 아닌 목표로 이익을 생각할 필요가 있다.

현 상태 그대로도 쉽게 달성할 수 있는 목표라면 기업의 발전은 기대할 수 없다. 목표를 실적보다 높게 설정하면 목표를 실현하기 위하여 기업 구성원 모두가 노력하면 기업이 목표하는 바를 이룰 수 있을 것이다.

반면에 목표를 너무 높이 설정하면 아무리 노력해도 달성할 수 없을 것 같은 목표는 오히려 사원의 의욕을 떨어뜨려 계획의 실현을 어렵게 한다. 따라서 목표이익은 실현 가능한 범위로 게다가 실적보다 높게 설정한다.

## ◤ 1인당 경상이익을 근거로 계산하자

목표이익은 기업활동에 의해 얻어지는 이익 중에서도 종합적인 수익력을 나타내는 경상이익부터 산출한다. 구체적으로는 1인당 경상이익으로부터 목표이익을 검토하여 설정하는 것이 가능하다.

$$\text{종업원 1인당 경상이익} = \frac{\text{경상이익}}{\text{종업원의 수}}$$

종업원 1인당 경상 이익은 종업원 1인으로 환산하여 이익이 얼마만큼 얻어지는가를 나타내는 지표이다. 이 수치가 클수록 손익구조는 좋은 것이 되지만, 업종에 따라 크게 다르다.

1인당 경상이익으로부터 목표이익을 산출하는 경우, 먼저 동업종 타사를 참고한다. 업종이 같은 규모나 경영방침 등이 유사한 기업을 선택하여, 자사의 기준치를 검토한다.

다만, 그때에는 과거의 실적 추이를 고려하여 시장동향 등 외부환경의 변화 등을 확실히 보아야 한다. 억지로 경쟁기업과 같은 수준으로 하는 것은 의미 없다. 어디까지 자사의 실정에 맞는 목표치를 설정하도록 한다.

대략적인 기준이지만 중소기업은 종업원 1인당 경상이익을 2000만원~3000만원으로 하여 그것에 종업원 수를 곱하여 회사의 목표이익으로 하는 경우도 있다.

## ■ 총자본 경상이익률로 확인하자

일단의 목표이익을 설정하였으면 그 수치가 적정한지 어떤지를 검토해 둔다. 그때 총자본 경상이익률을 이용하는 것이 일반적이다.

$$\text{총자본 경상이익률} = \frac{\text{경상이익}}{\text{총자본}}$$

총자본이익률은 기업에 투하된 총자본이 어느 정도의 이익을 창출해 내는가를 보는 비율로 이익을 파악하는 방법에 따라 다양한 지수를 도출하는 것이 가능하다. 총자본이익률로는 영업이익에서 사용하는 총자본영업이익률도 종종 사용된다. 총자본 경상이익률은 기업의 실력을 나타내는 재무분석에서 기본이 되는 지표이다.

판매계획에서 목표이익이 적정한지 어떤지를 이 총자본 경상이익률을 이용하면 총자본 경상이익률의 업계평균치에 자사의 총자본을 곱하여 평균적인 수준의 목표이익을 알 수 있다.

# 03

## 비용을 검토하자

비용 내역의 검토

### ■ 변동비와 고정비를 검토하자

목표이익이 결정되면 다음은 비용에 대해 검토한다.

판매계획은 기업에서 최적의 손익구조를 만들어 내기 위해 작성되는 것이다. 바꾸어 말하면 매출액, 비용, 이익의 3가지가 가장 균형 있게 구성하는 것이 중요한 것이다. 즉, 유효한 판매계획을 작성하기 위해서는 이 3요소에 대해 순서대로 검토하여야 한다.

판매·관리에 드는 비용은 일반적인 재무회계의 손익계산으로 판매비·일반관리비로서 정리된다. 그러나 판매계획을 작성할 때에는 비용의 변화가 이익에 어떻게 영향을 주는가를 확실히 하기 위해 이 부분을 변동비와 고정비로 구분한다.

변동비란 매출액이 증가하면 그에 비례하여 늘어가는 비용을 말한다. 예를 들면 구매상품의 매출원가나 운임·포장비, 판매수수료 등이 있다. 한편, 고정비는 매출액의 변화에 관계없이 이미 정해진 금액으로 발생하는 비용이다. 주된 고정비로 급료수당이나 수도·광열비, 감가

# 변동비와 고정비의 분류

| 업종 | 변동비가 되는 비용과목 | 고정비가 되는 비용과목 |
|------|------------------------|------------------------|
| 건설업 | 재료비, 노무비, 외주비, 가설경비, 동력용수, 광열비(완성공사 원가만), 운반비 등 경비, 설계비 | 노무관리비, 세금과공과금, 용지매입비·관리비, 보험료, 법정복리비, 복리후생비, 사무용품비, 통신교통비, 접대비, 보상비, 기타경비, 임원보수, 종업원급료수당, 퇴직금, 수선유지비, 조사연구비, 광고선전비, 지급이자·할인료, 감가상각비, 수도광열비, 기타영업비 |
| 제조업 | 직접재료비, 매입부품비, 외주가공비, 기타직접경비, 연료비, 제품매입원가, 매입부가세, 판매운임 | 노무비, 복리후생비, 감가상각비, 임차료, 보험료, 수선료, 전력료, 가스료, 수도료, 여비·교통비, 기타제품경비, 통신비, 접대비, 소모품비, 광고선전비, 임원 급료수당, 사무원·판매원급여수당, 지급이자, 할인료, 세금과 공과금, 기타판매관리비 |
| 판매업 | 매출원가, 운임, 포장·보관료, 차량 연료비, 판매수수료(소매업의 차량비는 고정비가 된다) | 판매원급료수당, 차량수리비, 소모품비, 판매원 여비·교통비, 통신비, 광고선전비, 기타 판매비, 임원급료수당, 사무원급료 수당, 복리후생비, 감가상각비, 접대비, 토지건물임차료, 보험료, 수선비, 수도 광열비, 지급이자·할인료, 공과, 기타 영업비 |
| 서비스업 | 직접재료(상품)비, 수도광열비, 외주비 | 종업원급료수당, 임원 급료 수당, 복리 후생·세금, 소모품비, 광고·선전비, 차량 연료·수리비, 토지건물 임차료, 감가상각비, 보험료, 지급이자·할인료, 세금과공과금, 기타 영업비 |

(참고) 변동비와 고정비의 분류 및 과목의 명칭은 업종에 따라 다르다.

상각비, 지급이자 등이 있다.

비용을 변동비와 고정비로 나누는 데에는 비용항목마다 변동비인지 고정비인지를 검토하는 것이 되지만 실제로는 변동비나 고정비라고 판단하는 것이 어려운 사례가 적지 않다. 이 경우 하나의 항목을 다시 변동비부분과 고정비부분으로 나눈다고 하는 방법이 있지만, 그 작업은 대단히 복잡하다. 그래서 일반적으로는 비용에서 변동비를 추출하고 그 이외는 고정비로 한다.


## ◢ 변동 손익계산으로 검토하자

비용을 변동비와 고정비로 나눌 때, 변동 손익계산을 하면 매출액, 이익, 비용의 관계를 정확히 파악할 수 있다. 변동 손익계산이란 비용을 변동비와 고정비로 나누어 손익계산을 하는 계산 방식이며, 일반적인 손익계산에서는 알 수 없는 비용의 성격을 알 수 있다. 변동비는 매출액이나 생산액의 증감에 따라 변화하는 비용이지만, 매출액이나 생산액에 대해 일정 비율로 발생하게 된다.

한편, 고정비란 일정 기간(통상 1년간)의 매출액이나 생산액의 증감에 관계없이 일정금액이 발생하는 비용이다. 일반적인 손익계산과 변동 손익계산을 대비시키면, 다음과 같이 된다. 일반적인 손익계산에서는 비용은 총비용으로 정리되어 있지만, 변동 손익계산에서는 변동비와 고정비로 나누어 계산된다. 그리고 경상이익, 매출액, 비용의 관계를 볼 때 일반적인 손익계산에서는 다음의 계산식에 따라 파악하게 된다.

> 경상이익 + 총비용 = 매출액 〈매출액 - 총비용 = 경상이익을 변형〉

　그러나 이것은 매출액이 증감한 경우 그에 따라 비용이 어떻게 변하는지 바로는 알 수 없다. 따라서 경상이익의 움직임도 파악할 수 없게 된다. 그럼 변동 손익계산은 어떨까? 이 경우는 다음의 계산식을 이용하고 있다.

> 경상이익 + 고정비 = 매출액 - 변동비
> 〈매출액 - (변동비 + 고정비) = 경상이익을 변형〉

# 손익계산의 종류

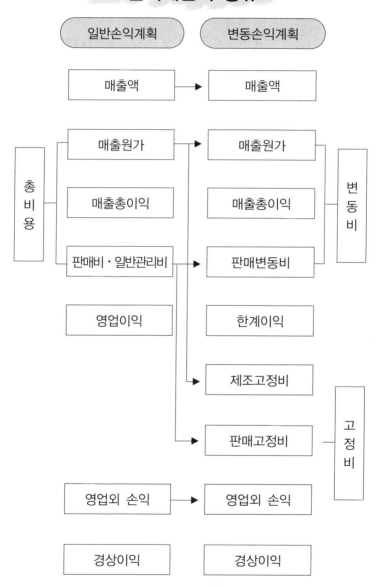

일반손익계획     변동손익계획

| 일반손익계획 | 변동손익계획 |
|---|---|
| 매출액 → | 매출액 |

총비용

| 매출원가 → | 매출원가 | 변동비 |
| 매출총이익 | 매출총이익 | |
| 판매비·일반관리비 → | 판매변동비 | |
| 영업이익 | 한계이익 | |
| | 제조고정비 | |
| | 판매고정비 | 고정비 |
| 영업외 손익 → | 영업외 손익 | |
| 경상이익 | 경상이익 | |

# 04

## 한계이익을 산출하자

필요한 고정비를 결정하여 목표이익에 더한다

### ◢ 한계이익을 이해하자

변동 손익계산을 하는 것으로 매출액, 비용, 경상이익의 관계를 파악할 수 있다. 그다음 한계이익을 산출한다.

한계이익이란 매출액으로부터 변동비를 뺀 수익이다.

> 한계이익 = 매출액 - 변동비
> ( = 경상이익 + 고정비 )

기업활동에서는 고정비라고 하는 일정한 비용이 발생한다. 이 비용은 수익의 유무에 관계없이 발생하므로 만일 수익이 제로인 경우, 고정비의 금액이 그대로 적자가 된다.

기업이 적자를 내지 않기 위해서는 고정비를 흡수하는 수익을 올릴 필요가 있다. 그 수익을 한계수익이라고 한다. 이 한계이익이야말로 진정한 의미로의 회사의 이익이라고 할 수 있다.

따라서, 기업의 손익구조를 개선하기 위해서는 한계이익을 정확히 파악하는 것이 필요한 것이다. 한계이익은 위의 계산식으로부터 알 수 있듯이 경상이익과 고정비의 합계와 동일하게 된다.

만일 경상이익이 제로라면, "한계이익＝고정비"가 된다.

즉, 한계이익이 고정비와 동일하게 될 때가 손익이 제로(0)의 상태이다. 바꿔 말하면 목표이익(경상이익)을 달성하기 위한 한계이익을 산출하는 데에는, 최초에 설정한 목표이익에 고정비를 가산하면 되는 것이다.


## ◢◣ 고정비를 산출하자

이처럼 한계이익을 구하기 위해서는 1년 동안 필요한 고정비를 산출해야 한다. 고정비에 포함되는 주된 항목으로는 다음과 같은 것이 있다.

### ❶ 제조원가 항목

임금·상여 등의 인건비, 전력비 등의 고정비용부분, 여비교통비·통신비·접대비, 소모품비·수선비·보험료, 감가상각비 등

### ❷ 판매비·일반관리비 항목

급료·수당 등의 인건비, 광고선전비, 여비교통비·통신비·접대비, 수도광열비·소모품비·차량유지비, 감가상각비 등

이와 같은 비용에 대해 각각의 금액이 적절한지 어떤지를 과거 데이

터 data나 동업종 타사의 동향 등을 참고하여 검토한다. 물론, 삭감 가능한 것은 가능한 한 삭감하여 계상한다. 다음과 같은 포인트에 주의한다.

① 접대비 등이 매출액에 비해 지나치게 높지 않은지 체크한다.

② 차량유지비 등은 충분히 유효하게 활용되는지 체크한다.

③ 인건비 등 다액의 비용에 대해서는 상세히 체크하고 생산성을 고려하여 인력계획을 세운다.

④ 영업외손익도 고정비 안에 포함해 계산한다. (손익이 마이너스이면 고정비에 더하고, 플러스라면 고정비에서 뺀다.)

⑤ 인건비나 신규사업에 드는 비용 등을 빼고는, 가능한 한 전년도 대비보다 축소하여 고정비 전체를 축소한다.

고정비에 대해 검토하는 경우는 금액으로 하는 것이 중요하다. 변동비와는 달리 매출액에 대한 비율은 참고 수치로서 생각한다. 이처럼 하여 필요 고정비가 정해지면 목표이익(경상이익)을 합산하여 목표로 하는 한계이익을 산출한다.

# 05 ── 

## 매출총이익을 산출한다

판매변동비를 결정하여 한계이익에 더한다

### ◢ 한계이익을 근거로 매출총이익을 산출하자

목표이익을 산출하면 다음은 목표로 하는 매출총이익(총이익)을 결정한다. 매출총이익이란 일반의 손익계산상에서는 매출액에서 매출원가를 뺀 것을 가리키지만, 목표이익을 달성하기 위한 필요 매출액을 산출해 내기 위해서는 한계이익에 판매변동비를 더하여 매출총이익을 산출한다.

> **매출총이익 = 한계이익 + 판매변동비**

매출을 올리기 위해서는 매출원가나 판매변동비가 필요하게 된다. 즉, 매출액은 이러한 변동비에 의해 수포 상태로 되어 있는 것이다. 따라서, 목표이익을 달성하기 위한 필요매출액을 가능한 한 정확히 파악하기 위해서는 한계이익에서 수익구조를 보는 것이 필요한 것이다. 그러나 실제로 판매계획을 작성하여 실행으로 옮기기 위해서는 담당자나 거래처 유통채널 등으로 세분화할 필요가 있다. 그러나 한계이익의 단계에서는 이러한 세분화가 곤란하기 때문에 매출총이익을 산출한다.


## ■ 판매변동비는 개산하여 계상하자

매출총이익을 산출하기 위해서는 판매변동비가 적정한지 어떤지를 상세히 검토하여 그 금액을 결정하여야 한다. 그런데 판매변동비는 그 명칭대로 매출액의 증감에 따라 그 금액이 변동하기 때문에 매출액이 정해지지 않는 동안에 정확하게 산출하는 것은 불가능하다. 그래서 판매변동비는 개산하여 산출하는 것이 된다.

먼저, 판매비 대비 매출액비율(판매변동비)을 정한다. 그때 다음과 같은 절차에 따라 한다.

① 해당연도 실적(예정)의 판매변동비율을 산출한다.

② 해당연도 실적(예정)보다도 0.1%라도 적게 되도록 설정한다.

③ 설정된 판매변동비율의 틀 안에 들어가도록, 판매변동비의 각 항목에 대해 비율과 금액을 검토한다.

단, 상술한 바와 같이 판매변동비는 개산으로 밖에 산출할 수 없다. 따라서 판매변동비의 금액(실액)에 대해서는 실적과 동액 또는 약간 낮게 계상해 두면 된다.

통상, 판매계획에서 매출액은 실적보다도 높이 설정되기 때문에 동액으로 해 두는 것으로 비율은 낮아지게 된다. 주된 판매변동비로는 판매운임, 포장비, 판매수수료 등이 있다. 이것들은 쉽게 삭감할 수 없다.

# 손익구조식

매출액 - 비용 = 경상이익

매출액 - (변동비 + 고정비) = 경상이익

매출액 - 변동비 = 고정비 + 경상이익( = 한계이익)

매출액1 - (변동비 ÷ 매출액) = 고정비 + 경상이익

변동비 ÷ 매출액 = 변동비 비율

손익구조식
(이익실현
매출액)

$$매출액 = \frac{(고정비\ +}{(1 - 변동비율)}$$

$$매출액 = \frac{(고정비\ +\ 경상이익)}{(1 - 변동비율)}$$

물론, 실적의 악화가 계속되어 매출액이 실적을 밑돌 것이 확실한 경우에는 가능한 한 낮게 계획할 필요가 있다. 그때에는 손익계산으로 분류된 항목(예를 들면, 판매운임, 판매수수료 등)별로 보는 것뿐만 아니라 활동 내용별로 비용절감을 도모할 수 없는지를 분석하는 것도 필요하다.

예를 들면, 수주발주에 든 비용을 하나로 정리하여 생각하거나 고객별로 판매운임 대비 매출액 비율을 산출해 보는 것도 하나의 방법이다. 이러한 재검토 작업 중에서, 전자상거래의 도입이나 물류거점의 통폐합이라는 판매전략의 필요성이 뚜렷이 부각하고 있다.

## ◤ 목표이익 설정의 사례 연습

목표 경상이익 설정부터 목표 매출총이익 결정까지를 사례를 연습해보자.

# 목표 이익 설정의 사례 연습

## 1. 목표 경상이익의 설정

A사의 종업원 수 50명이고, 목표를 1인당 경상이익을 200만원으로 계상하였다.

- 목표경상이익은 200만원 × 50명 = 1억원이 된다.

> 목표경상이익 = 1명당 목표경상이익 × 종업원 수

## 2. 목표 한계이익의 결정

A사는 비용의 분산을 하였던 바, 고정비(영업외손익포함)로서 5억원이 필요하다고 산출되었다.

- 목표한계이익은 1억원 + 5억원 = 6억원이 된다.

> 목표한계이익 = 목표경상이익 + 고정비

## 3. 목표 매출총이익의 결정

A사는 당기 말까지의 판매변동비의 예상이 약 1억원이라고 하는 견적을 내었습니다. 그래서 실액에서는 당기와 동일한 1억원을 필요한 변동비로서 계상하는 것으로 하였다.

- 목표매출총이익액은 6억원 + 1억엔 = 7억원이 된다.

> 목표매출총이익 = 목표한계이익 + 판매변동비

# 06

## 목표매출액을 산출한다

매출액과 매출총이익을 최적 조합으로 결정

### ◥ 매트릭스matrix로 검토한다

목표매출총이익이 결정되면 이제 목표매출액의 산출로 이동한다. 그 방법은 다음과 같은 매출총이익과 매출액의 관계를 근거로 한다.

> 매출총이익 = 매출액 × 매출총이익율

매출총이익(액)은 매출액과 매출총이익률의 비율로 결정된다. 따라서 이 2가지의 최적 조합을 발견해 내는 것이 손익구조를 생각하는 데에 상당히 중요하다.

구체적으로는 다음과 같은 순서로 검토하다.

① 실적이나 목표매출총이익 등을 고려하면서, 실현 가능하다고 생각되는 매출액을 5단계 정도로 나열한다.

② 동일하게 매출총이익율도 5단계 정도로 나열한다.

③ 이 매출액과 매출총이익율의 곱하여 산출한다.

# 목표매출액 산출표

| 목표매출총이익 | 7억원 |
|---|---|

| 매출<br>총이익률(%) ＼ 매출액<br>(억원) | 20 | 21 | 22 | 23 | 24 |
|---|---|---|---|---|---|
| 30 | 6.00 | 6.30 | 6.60 | 6.90 | 7.20 |
| 31 | 6.20 | 6.51 | 6.82 | 7.13 | 7.44 |
| 32 | 6.40 | 6.72 | 7.04 | 7.36 | 7.68 |
| 33 | 6.60 | 6.93 | 7.26 | 7.59 | 7.92 |
| 34 | 6.80 | 7.14 | 7.48 | 7.82 | 8.16 |

| 매트릭스④ | | | |
|---|---|---|---|
| No. | 매출액 | 매출총이익률 | 매출총이익(억원) |
| 1 | 21억원 | 34% | 7.14 |
| 2 | 22억원 | 32% | 7.04 |
| 3 | 23억원 | 30% | 6.90 |
| 4 · | 23억원 | 31% | 7.13 |
| 5 | 24억원 | 30% | 7.20 |

| 목표매출액 및 매출총이익률 |
|---|
| (매출액)22억원 × (매출총이익률)32% = (매출총이익)7.04억원 |

④ 이렇게 하여 나온 매출총이익 중에서, 목표매출총이익에 가까운 조합을 선택해 낸다.

이렇게 하여 산출한 5개의 조합을 검토하고, 최적이라고 생각되는 것을 매출액의 기본목표로 한다. 이 매트릭스 matrix* 종합계획의 타당성을 검증하고 수정을 할 때에도 도움이 된다.

☑ **계산예**  그럼 실제로 A사의 사례를 연습해 보자.

A사의 목표매출총이익은 7억 원으로 산출되었다. A사의 취급 상품은 이제까지의 실적을 보면, 실현 가능한 매출액은 20억~24억 원으로 산출되었다. 또한, 매출 총이익률은 30~34%의 범위 내가 타당하다고 상정한다. 실현 가능한 매출액과 기대 가능한 매출총이익율의 합계를 구하면, 앞의 표와 같이 된다. 그래서 목표매출총이익 7억원에 가까운 조합을 5개 선택하면 다음과 같다.

---

① 매출액 21억원 … 매출총이익율 34% … 매출총이익 7억1,400만원

② 매출액 22억원 … 매출총이익율 32% … 매출총이익 7억400만원

③ 매출액 23억원 … 매출총이익율 30% … 매출총이익 6억9,000만원

④ 매출액 23억원 … 매출총이익율 31% … 매출총이익 7억1,300만원

⑤ 매출액 24억원 … 매출총이익율 30% … 매출총이익 7억2,000만원

---

* 행렬이라고도 하며, 가로줄과 세로줄로 행렬에는 결합법칙 및 배분법칙이 성립하며, 덧셈·뺄셈·곱셈의 연산이 성립한다. 그러나 곱의 교환법칙은 성립하지 않으므로 나눗셈에는 조건의 첨가가 필요하다. 행렬은 이론적으로 매우 명쾌하며, 기호적으로도 간결하여서 그 응용이 상당히 넓으며, 수학이나 물리학, 특히 양자역학에서는 꼭 필요한 존재이다.

이 중에서 가장 목표매출총이익 7억원에 가까운 ②의 조합을 선택한다. 매출액 22억원, 매출총이익률 32%, 매출총이익 7억400만원

그러나 목표 매출총이익은 7억원이므로, 7억400만원과는 400만원의 차액이 발생한다. 그래서 매출 총 이익률을 다음과 같은 계산으로 조정한다.

$$\text{매출총이익률} = \frac{\text{매출총이익액}}{\text{매 출 액}}$$

7억400만원 ÷ 22억원 × 100 ≒ 0.318

매출총이익율은 약32%가 되어 매트릭스로 산출된 것과 거의 동액이다. 이 경우는 매출총이익율을 변경할 정도로 차액이 발생하지 않았지만 경우에 따라서는 매트릭스로 나타낸 매출총이익률을 약간 조정하는 것도 가능하다.

## PART 3

수요와 목표 차이를 해결하는

# 판매계획 프레임을 검증하자

- 수요를 객관적으로 예측하자
- 목표매출액을 과거실적으로 검증하자
- 목표매출액을 통계기법으로 예측해 보자
- 만매목표를 생산성으로 검토하자
- 계획과 실적의 갭 조정표를 작성하자

# 01 수요를 객관적으로 예측하자

수요회귀분석을 이용하여 검증

## ◢ 실현 가능한 매출액의 설정

종합판매계획에서 목표매출액은 대부분 과거실적 또는 기업의 존속과 관련된 이익의 확보를 염두에 두고 설정된다. 하지만, 과거의 연장선상에서 매사를 생각해서는 경영의 개혁은 불가능하다. 그러나 한편으로 판매부문의 담당자가 이해할 수 있는 판매목표인지를 충분히 고려하여야 한다.

판매계획은 실현 가능한 목표치를 사전에 설정하는 것이지 판매담당자를 질타 격려하기 위한 노력 목표를 만드는 것이 아니다. 판매목표는 끊임없이 실현 가능한 것으로 하는 것이 중요하다.

그래서 PART 3에서는 판매예측의 기초가 되는 수요예측이 되어 있는가? 목표매출액의 설정에 무리는 없는가 하고 판매계획의 프레임을 확인하고자 한다.

# 판매계획 프레임의 체크항목

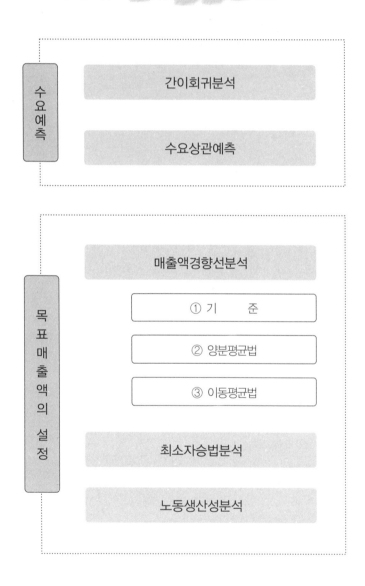

# ◤ 간이회귀분석으로 수요를 예측하자

먼저 수요예측에 대해 알아보자. 판매목표는 확실한 수요예측 아래 작성되지 않으면 설득력이 없다. 수요를 정확하게 예측하는 것은 쉬운 일이 아니지만, 객관적인 자료로 수요동향을 파악하는 것은 가능하다.

수요를 예측하기 위한 과학적인 수법은 다수 있지만, 그중에서 가장 간편한 간이회귀분석법을 소개한다. 간이회귀분석법이란 수요와 밀접한 관계가 있다고 생각되는 상관지수를 이용하여 수요예측을 하는 방법이다. 분석 절차는 다음과 같다.

### ❶ 수요와 관계가 깊다고 생각되는 상관지수를 채택한다.

상품군마다 시장 전체의 수요를 크게 좌우한다고 생각되는 관계되는 것을 찾아본다.

예를 들면 상품이 가구라면 주택착공건수 아기 용품이라면 출생률이라고 하는 형식이다. 상관지수로서는 그 외에 공공투자액, 환율, 지가, 금리 등을 생각할 수 있다. 다음 표에서는 여성 인구와 관계가 밀접한 화장품을 예로 들고 있다.

### ❷ 상관지수에 대해 과거의 자료를 기재한다.

다음 표의 X의 *상관지수(여성 인구)의 데이터를 기재한다. 이 사례에서는 어떤 지역의 18세~65세의 여성 인구에 대해 과거 10년간 데이터를 사용하고 있다.

## ❸ 상품의 과거의 수요액을 입력한다.

Y 항목에는 예측하고자 하는 상품(화장품A)의 과거(10년간)의 수요액(매출액)을 기재한다.

## ❹ 상관지수의 수치 × 상품수요

XY 항목에는 각 연도의 여성 인구수와 화장품 A의 수요액(매출액)을 곱한 숫자를 기재한다.

## ❺ 각 연도의 상관지수를 2 제곱한다.

$X^2$ 항목에 여성 인구의 2 제곱을 기재한다.

## ❻ 상기 수치의 합계를 구한다.

이렇게 산출된 수치를 다음의 계산 식(연립방정식)에 적용하여, a와 b라고 하는 계수의 수치를 구한다.

> Y의 합계 = 데이터 년수 × a + X의 합계 × b
> XY의 합계 = X의 합계 × a + $X^2$의 합계

"계산예"에서는 a≒-159, b=1.01이 된다.

# 간이회귀분석법

x = 단위 : 만명   y = 단위 : 억원

| 사업기 | X | Y | XY | $X^2$ |
|---|---|---|---|---|
| 1 | 158 | 15 | 2370 | 24964 |
| 2 | 160 | 16 | 2560 | 25600 |
| 3 | 170 | 18 | 3060 | 28900 |
| 4 | 168 | 18 | 3024 | 28224 |
| 5 | 180 | 20 | 3600 | 32400 |
| 6 | 185 | 21 | 3855 | 34225 |
| 7 | 182 | 20 | 3640 | 33124 |
| 8 | 190 | 23 | 4370 | 36100 |
| 9 | 183 | 21 | 3843 | 33489 |
| 10 | 185 | 22 | 4070 | 34225 |
| 합계 | 1761 | 194 | 30782 | 311251 |

### ☑ 계산예

① Y의 합계＝데이터 년수 × a＋X의 합계 × b
- 194＝10a＋1761b

② XY의 합계＝X의 합계 × a＋$X^2$의 합계
- 30782＝1761a＋311251
- a≒-159,  b＝1.01

③ 계산연도의 여성 인구가 184만명이라고 하면,
- Y＝-159＋184×1.01≒26.8

다음으로, a와 b의 수치를 다음의 계산식에 적용한다.

$$Y(수요) = a + b \times X(상관지수)$$

따라서 다음 기의 여성인구(X)을 알면 수요(Y)가 산출되는 것이다. 예를 들면 다음 기의 여성인구가 184만 명이라고 하면, 수요의 예상 금액은 26.8억원이라고 하는 것이 된다.


## ◤ 수요상관법으로 예측하는 방법

간이회귀분석법은 수요동향을 아는데 편리하지만, 자사상품의 수요와 상관도가 높은 지수를 특정할 수 없는 때도 있다. 또는 상관지수가 너무 많아 어떤 것을 선택하면 좋을지 망설이는 예도 있을지도 모른다.

그런 때는 수요상관 예측법으로 적절한 상관지수를 발견할 수 있다. 그 순서는 다음과 같다.

### ❶ 상관지수의 후보를 찾아본다.

상품군마다 수요분석을 사용할 수 있을 것 같은 상관지수를 생각나는 대로 찾아본다. 그때 공표자료나 내부자료에서 과거의 데이터부터 예측 데이터까지 얻기 쉬운 것을 선택한다.

## ❷ 계산식에 따라 상관도를 확인한다

과거의 수요액(또는 양)과 *상관지수의 데이터를 모아 다음의 계산식에 적용한다.

$$R = \frac{\sum(X - X의평균)(Y - Y의평균)}{\sqrt{\sum(X - X의평균)^2 \cdot \sum(Y - Y의평균)^2}}$$

(R : 상관계수, Σ : 합계, X : 과거의 상관지수 데이터, Y : 과거의 수요 데이터)

만일 R(상관계수)의 수치가 1에 가깝다면(0.7이상), 이 상관지수와 수요와의 사이에는 밀접한 상관관계가 있다고 생각해도 좋을 것이다.

# 수요상관 예측표

| 사업기 | X | Y | $X-\overline{X}$ | $Y-\overline{Y}$ | $(X-\overline{X})^2$ | $(Y-\overline{Y})^2$ | $(X-\overline{X})(Y-\overline{Y})$ |
|---|---|---|---|---|---|---|---|
| 1 | 158 | 15 | −18.1 | −4.4 | 327.61 | 19.36 | 79.64 |
| 2 | 160 | 16 | −16.1 | −3.4 | 259.21 | 11.56 | 54.74 |
| 3 | 170 | 18 | −6.1 | −1.4 | 37.21 | 1.96 | 8.54 |
| 4 | 168 | 18 | −8.1 | −1.4 | 65.61 | 1.96 | 11.34 |
| 5 | 180 | 20 | 3.9 | 0.6 | 15.21 | 0.36 | 2.34 |
| 6 | 185 | 21 | 8.9 | 1.6 | 79.21 | 2.56 | 14.24 |
| 7 | 182 | 20 | 5.9 | 0.6 | 34.81 | 0.36 | 3.54 |
| 8 | 190 | 23 | 13.9 | 3.6 | 193.21 | 12.96 | 50.04 |
| 9 | 183 | 21 | 6.9 | 1.6 | 47.61 | 2.56 | 11.04 |
| 10 | 185 | 22 | 8.9 | 2.6 | 79.21 | 6.76 | 23.14 |
| 합계($\sum$) | 1761 | 194 | 0 | 0 | 1183.9 | 60.4 | 258.6 |
| 평균($^-$) | 176.1 | 19.4 | | | | | |

### ✓ 계산예

- 여성인구와 화장품의 상관관계

$$R = \frac{258.6}{\sqrt{1183.9 \times 60.4}} \fallingdotseq 0.967$$

- R(상관계수)은 0.7 이상으로 1에 가깝기 때문에, 그 상관지수 (여성인구)와 상품(화장품 A)의 수요와의 사이에는 충분한 상관 관계가 있다고 판단된다.

80

# 02

## 목표매출액을 과거실적으로 검증하자

매출액 경향선으로 매출액을 예측

### ◢◣ 목표매출액을 검증하는 방법

목표매출액은 이익의 확보를 전제로 전략적으로 결정되어야 한다. 그러나 현실적으로는 목표가 기업의 실력으로 달성할 수 있다는 것을 확인하는 것도 필요하다.

판매부문의 담당자에 있어서 과거의 실적은 큰 자산이 된다. 이제까지의 경험이나 감으로는 어려운 판매경쟁에서 살아남을 수 없지만, 과거의 성공체험이 현재의 자신감으로 이어지고 있는 것은 부정할 수 없다. 이러한 판매담당자의 심리가 과거의 실적이 고려된 목표인지 아닌지가 목표달성의 의욕이나 자신감을 크게 좌우한다고 생각된다.

그럼 구체적으로 어떻게 검증하면 좋을까? 그 방법에는 다음의 2가지가 있다.

### ❶ 매출액 경향선 그래프에 의한 분석

과거의 매출액의 실적을 그래프로 나타내는 것에 의해 매출액의 경향을 파악하여 계획 연도의 매출액을 예측하는 방법이다. 간편함이 특징으로 대체적인 매출액 경향을 파악할 수 있다. 매출액 경향선을 나타내기 위해서는 다음의 3가지 방법이 있다.

① **짐작** … 매출액 실적의 수치를 근거로 짐작으로 그래프를 그린다.

② **양분평균법** … 과거의 실적을 3년마다의 평균으로 본다.

③ **이동평균법** … 매출액이 돌출한 연도의 수치를 평균화 하여 경향을 본다.

❷ **최소자승법에 의한 계산**

매출액 경향선을 계산에 의해 이론치를 산출하는 방법으로 예상치로는 매출액 경향선 그래프에 의한 분석에 의해 정밀도가 높아진다.

## ▨ 예측에 의한 매출액 경향선

매출액의 경향을 보는 데에 가장 간단한 것이 예측에 따라 그래프에 선을 그어, 매출액 경향선으로 하는 방법이다. 그 순서는 다음과 같다.

① 세로축에 매출액, 가로축에 연도를 쓰고, 각 연도의 매출액 실적을 각각의 연도에 맞춰 구성한다.

② 각각의 점의 상하의 균형을 생각하면서, 짐작으로 경향선(직선)을 긋는다.

이 방법은 상당히 간단하지만, 경향선을 짐작으로 긋기 때문에 아무리 해도 오차가 생긴다. 그러나 목표이익에 중점을 두어 판매계획을 작성하는 경우, 매출액 경향선은 설정된 목표이익이 예상치인지 아닌지를 확인하기 위한 척도에 지나지 않다. 그 의미에서는 이 정도의 정밀도로도 충분하다고 할 수 있다.

## ◥ 양분평균법에 의한 매출액 경향선

매출액 실적의 단순 3년간 평균의 수치를 이용하여 그래프화 하는 방법이다. 즉, 3년간을 하나로 묶어 그 평균치를 구하고, 그 중앙 연도에 구성한다고 하는 방법이다.

구체적인 작성 순서는 다음과 같다.

① 전반 3년간의 평균치를 그 중심 연도인 −5년으로 구성하고, 후반 3년간이 평균치를 그 중심 연도인 −2년으로 구성한다.

② 이 2가지 점을 잇는 직선을 경향선으로 한다.


## ◥ 이동평균법에 의한 매출액 경향선

어느 기간의 매출액 실적의 평균치를 파악하여, 그것을 그 기간의 중앙 연도의 수치로 한다. 이것을 연도마다 순서대로 산출하여, 그것들의 수치를 구성하여 연결한다. 다음의 표에서는 3년간의 이동평균으로 하고 있다. 이 사례로 순서를 설명하면,

① 「−6년도 ~ −4년도의 3년간의 평균치를 −5년도, −5년도 ~ −3년도의 평균치를 −4년도, −4년도 ~ −2년도의 평균치를 −3년

도」로 방식으로 기재해 간다.

② 이들 수치를 각각의 연도에 구성한다.

③ 이들 점을 연결하여 경향선으로 한다.

이동평균법에 의한 매출액 경향선에서 만일 매출액이 돌출한 연도가 있어도 그 수치는 평균화되기 때문에 변화는 완만하게 된다. 계획 연도나 그 이후의 매출액을 예측하는 데에는 그 연장선을 따라가면 된다.

일반적으로 이동평균법에 의한 매출액 경향선은 매출액의 추이의 커다란 움직임을 보는 데에 도움이 된다. 이렇게 하여 예측된 계획 연도의 매출액과 목표매출액에 현저한 차이가 없으면, 판매담당자도 목표를 달성할 수 있다고 하는 실감을 가질 수 있다.

# 매출액 실적을 보는 방법

## 매출액 실적의 추이

| 년도 | 매출액 | 단순 3년간의 평     균 | 이동 3년간의 평     균 |
|------|--------|--------------------|--------------------|
| −6년도 | 20 | | |
| −5년도 | 21 | 20.33 | 20.33 |
| −4년도 | 20 | | 21.33 |
| −3년도 | 23 | | 21.33 |
| −2년도 | 21 | 22.00 | 22.00 |
| −1년도 | 22 | | 21.66 |
| 계획년도 | 22 | | |

## 그래프에 의한 매출액 경향선

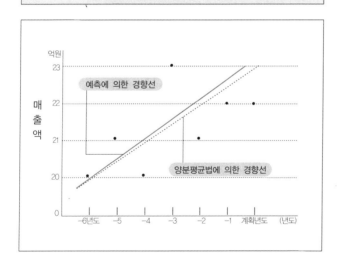

# 03

## 목표매출액을 통계기법으로 예측하자

최소자승법으로 예측치를 산출

### ◢ 매출액을 정확하게 계산하자

매출액 경향선은 그래프를 이용하여 그 연장선으로 매출액을 예측하고 있다. 가장 정확한 예측치를 알고자 하면 최소자승법이라고 하는 통계적 기법을 사용한다.

최소자승법은 매출액 경향선을 계산에 의해 산출하는 방법으로 과거의 각 연도의 매출액 실적의 수치와 경향선에서 매출액 계산치와의 차이가 가장 최소화하고 있다.

구체적으로는 다음 계산표에 따라 각각의 수치를 산출하여 기재한다.

이 경우 연도에 대해서는 계산을 간단히 하기 위해 다음과 같은 규칙 아래에서 변형하여 계산한다.

① **데이터(연도)의 수가 기수인 경우** … 과거 시계열 데이터의 정 중앙을 0으로 하고, 이전은 마이너스(−), 이후는 플러스(+)

② **데이터(연도)의 수가 우수인 경우** … 과거 시계열 데이터의 오 래된 쪽은 마이너스 기수, 새로운 쪽은 플러스(+) 기수

계산표의 기재가 끝나면, 다음의 계산식으로 계산연도의 예측으로서 의 이론치를 산출한다.

Y(매출액)=a×X(변형한 계획연도)+b의 a와 b를 구한다.

$$a = \frac{①\times②의\ 합계}{①\times①의\ 합계} \qquad b = \frac{②의\ 합계}{N(년수)}$$

이렇게 산출된 예측치는 정확도가 높은 것이지만, 어디까지나 과거 의 매출액 경향이 이후에도 계속된다고 하는 것이 전제로 되어 있는 것 을 염두에 두고 활용하여야 한다.

# 최소자승법에 의한 매출액 예측

(단위 : 억원)

| 년도 | 연도변형① | 매출액② | ①×① | ①×② |
|------|-----------|---------|------|------|
| -5 | -2 | 21 | 4 | -42 |
| -4 | -1 | 20 | 1 | -20 |
| -3 | 0 | 23 | 0 | 0 |
| -2 | 1 | 21 | 1 | 21 |
| -1 | 2 | 22 | 4 | 44 |
| 합계(Σ) | 0 | 107 | 10 | 3 |

---

☑ 계산예   **A사의 케이스**

$$a = \frac{3}{10} = 0.3$$

$$b = \frac{107}{5} \fallingdotseq 21.4$$

$$Y = 0.3 \times 3 + 21.4 = 22.8$$

따라서 매출액은 22.8억원

※ 계획연도를 변형하면 3이 된다.
A사가 설정한 22억원이라고 하는 목표 매출액은, 충분히 달성 가능한 범위라는 것을 알 수 있다.

# 04

## 판매목표를 생산성으로 검토하자

1인당 매출액과 매출총이익으로 확인

### ◢ 노동생산성 검토표를 작성하자

판매계획의 작성은 목표이익의 설정에서 시작하지만, 기업에서 최적의 손익구조를 찾아내기 위해서는 1인의 종업원으로부터 창출되는 이익에 대해서도 검토할 필요가 있다.

원래 목표이익의 설정 단계에서 종업원 1인당 이익률에 주목하였습니다. 종합판매계획이 대충 완성되면, 다시 한번 인적 생산성에 대해 검증해 봐야 한다.

다음 노동생산성 검토표에는 종합판매계획으로 정리된 각 항목에 대해 인원수로 나눈 종업원 1인당 금액을 기재한다. 다만, 이 수치를 검토할 때에는 동업 타사와의 비교도 중요하다. 그 경우 인원수가 공표되어 있지 않은 기업과 비교하고 싶은 경우에는 인건비 1단위(천원) 당으로 생각하는 것으로 한다. 이렇게 하는 것으로 공표자료 등으로부터 쉽게 타사와의 비교·검토할 수 있게 된다.

## ◢ 노동생산성 분석의 대상자

이 생산성에 대해서 검토할 때 누구를 대상으로 하면 좋을지 하는 것이다. 그 방식은 다음의 3가지가 있다.

① **회사 전체 종업원** … 본사 스텝부문도 포함한 인원수

② **판매부문의 사원** … 판매부문에서 사무담당, 파견사원 등도 포함한 인원수

③ **판매담당자** … 판매직이나 영업직의 인원수

어느 인원수를 기준으로 하는 가는 분석의 목적에 따라 다르기 때문에 필요에 따라 선택하면 될 것이다. 단, 판매활동이 이익을 창출하는 원천이라고 하는 사고방식에서 본다면 판매담당자 1명당 수치 목표를 산출해 볼 필요가 있다.

# 노동생산성 검토표

(단위 :        )

| | 계획 | | 실적 | |
|---|---|---|---|---|
| | 1인당 | 천원당 | 1인당 | 천원당 |
| 매 출 액 | | | | |
| 매출총이익 | | | | |
| 판매변동비 | | | | |
| 한 계 이 익 | | | | |
| 판매고정비 | | | | |

부서명 : _____

인원수 : _____ 명

인건비 : _____ 원

## ◤ 판매담당자의 활동기준

판매담당자 1명당 생산성으로 생각한 경우 생산성 검토표에 기재 된 수치는 판매담당자의 평균치가 된다. 따라서 각 판매담당자는 자신이 산출한 목표치와 대조하는 것으로 자기평가를 할 수 있다. 또한, 1명당 목표 매출액이나 목표 매출총이익이 나타나 있기 때문에 인건비의 몇 배를 벌어야 하는가도 파악할 수 있다. 나아가 1명당 판매변동비로부터는 판매담당자 자신에게 비용 의식을 가지게 하는 효과도 기대할 수 있다.

## ◤ 전체적인 균형 확인

판매목표의 설정에서 기업 전체의 자본계획도 고려할 필요가 있다. 매출액이 늘어나면, 매출채권이나 재고도 변화하기 때문이다. 기본적으로는 매출액의 신장 이상으로 이익이 늘어나는 형태가 좋지만, 그것만을 보아서는 자금 흐름이 어려워지는 일도 있을 수 있다. 따라서 목표매출액이 정해지면 다시 한번 어딘가에 함정이 없는지 체크해 본다.

다음 표는 매출액의 증감에 따라 영향을 받는 주된 항목에 대해서 실수와 재무지표를 나타낸 것이다. 이들 항목에 대해서는 반드시 판매부문이 독자적으로 관리하는 것은 아니지만, 전체적으로 균형이 잡혀 있는지 확인해 두면 좋을 것이다.

# 매출액 관련 항목의 균형표

( ) 전년대비 신장률

| 항목 | | 계산식 | 기 | 기 | 기 | 목표 |
|---|---|---|---|---|---|---|
| 매출액(원) | | ——————— | ( ) | ( ) | ( ) | ( ) |
| 인원 | 실수(명) | ——————— | ( ) | ( ) | ( ) | ( ) |
| | 1명당 매출액(원) | 매출액÷인원 | | | | |
| 자본 | 실수(원) | ——————— | ( ) | ( ) | ( ) | ( ) |
| | 회전율(회) | 매출액÷총자본 | | | | |
| 매출채권 | 실수(원) | ——————— | ( ) | ( ) | ( ) | ( ) |
| | 회전기간(일) | 매출채권÷1일당 매출액 | | | | |
| 재고 | 실수(원) | ——————— | ( ) | ( ) | ( ) | ( ) |
| | 재고일수(일) | 재고금액÷1일당 매출액 | | | | |
| 고정비 | 실수(원) | ——————— | ( ) | ( ) | ( ) | ( ) |
| | 매출액 대비 비율(%) | 고정비÷매출액×100 | | | | |
| 차입금 | 실수(원) | ——————— | ( ) | ( ) | ( ) | ( ) |
| | 매출액 대비 비율(%) | 차입금÷매출액×100 | | | | |
| 경상이익 | 실수(원) | ——————— | ( ) | ( ) | ( ) | ( ) |
| | 매출액 대비 비율(%) | 경상이익÷ 매출액 × 100 | | | | |

# 05

## 계획과 실적의 갭 조정표를 작성하자

차이의 원인 분석

## ◢◣ 누적과 할당의 차이

종합판매계획에서 설정된 목표는 그 달성을 향하여 개별판매계획으로서 정리되어 거기서 담당자별 또는 거래처별로 매출액 목표 등이 할당된다.

단, 종합판매계획의 작성 과정에서 판매부문과 경영진이나 본사 스텝부문과의 조정은 몇 번이고 반복된다. 그런 와중에 더욱 실효성 높은 판매계획이 완성되는 것이다.

조정표는 이 조정 작업에 도움이 되고자 하는 시트 sheet이다. 문제점을 밝혀내어 해결책을 찾는 것에 노력하여야 한다.

## ◢◣ 계획과 실적의 차이

판매계획이 완성되면 그것으로 한 가지 일이 끝난 기분이 들지도 모른다. 그러나 판매계획은 실행돼야만 의미가 있다. 판매계획이 확실하게 실행되기 위해서는 계획과 실적의 체크가 빠질 수 없다.

다음 관리표는 그것을 위한 시트이다.

적어도 월 1회는 계획과 실적의 비교·검토를 하여야 한다. 이상적으로는 시시각각 변화하는 시장에 대응하기 위해 매일 체크 작업을 하여야 한다. 경우에 따라서는 판매목표(목표매출액, 목표 매출총이익) 그 자체를 재점검할 필요가 생길지도 모른다. 또한, 이러한 검토 작업을 원활하게 진행하기 위해서는 컴퓨터 프로그램을 활용하면 편리하다.

# 목표치의 조정

(단위 : 천원)

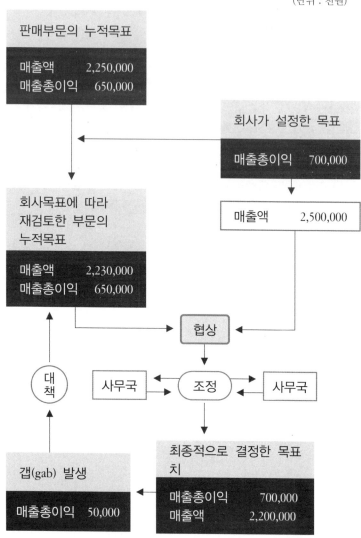

# 계획 갭 조정표

부서 _____

| 대상<br>(상품, 고객,<br>지역) | 계<br>획 | ① 할당액<br>② 누계액 | 갭<br>(①-②) | 대응책 | | | | 최종<br>계획 |
|---|---|---|---|---|---|---|---|---|
| | | | | 취급상품<br>확대 | 신제품<br>투입 | 신규고객<br>개척 | 판매<br>촉진책 | |
| | | | | | | | | |
| | | | | | | | | |
| | | | | | | | | |
| | | | | | | | | |
| | | | | | | | | |
| 합계 | | | | | | | | |

> 경영진이나 본사 스텝부문으로부터 할당된 목표 매출액 및 판매담당자에 의해 누적된 목표치와 그 차액을 기재한다.

> 갭을 조정하기 위한 구체적인 대응책에 대해서도 검토한다.

> 조정 후의 결정 수치(목표 매출액)를 기재한다.

# 계획 갭 분석표

( 년 월)                                                                 (단위 :  )

| 계획과 실적의 갭 | | | 갭의 원인 1)예측 2)활동 | 대응책 | 효과 | 차월도계획 | |
|---|---|---|---|---|---|---|---|
| 거래처 | 계획 | | | | | 당초계획 | |
| | 누계 | | | | | | |
| | 실적 | | | | | 수정계획 | |
| | 누계 | | | | | | |
| | 갭 | | | | | 갭 | |
| | 누계 | | | | | 누계 | |
| 상품 | 계획 | | | | | 당초계획 | |
| | 누계 | | | | | | |
| | 실적 | | | | | 수정계획 | |
| | 누계 | | | | | | |
| | 갭 | | | | | 갭 | |
| | 누계 | | | | | 누계 | |
| 지역 | 계획 | | | | | 당초계획 | |
| | 누계 | | | | | | |
| | 실적 | | | | | 수정계획 | |
| | 누계 | | | | | | |
| | 갭 | | | | | 갭 | |
| | 누계 | | | | | 누계 | |

# 판매계획관리표

( 　년　 월)　　　　　　　　　　　　　　　　　　　　　　　(단위 : 원)

| 부서 | 전월매출액 | | 누계매출액 | | 차이의 원인 | 당월판매계획 | 대책 |
|---|---|---|---|---|---|---|---|
| | 전년 | 금년 | 전년 | 금년 | | | |
| 계획 | | | | 신장률 % | | 전년 | |
| 실적 | | | | | | 년초 | |
| 차이 | | | | 달성률 % | | 결정 | |
| 계획 | | | | 신장률 % | | 전년 | |
| 실적 | | | | | | | |
| 차이 | | | | 달성률 % | | 결정 | |
| 계획 | | | | 신장률 % | | 전년 | |
| 실적 | | | | | | 년초 | |
| 차이 | | | | 달성률 % | | 결정 | |
| 계획 | | | | 신장률 % | | 전년 | |
| 실적 | | | | | | 년초 | |
| 차이 | | | | 달성률 % | | 결정 | |
| 합계 계획 | | | | 신장률 % | | 전년 | |
| 실적 | | | | | | 년초 | |
| 차이 | | | | 달성률 % | | 결정 | |

> 목표달성률을 부서별로 월마다 체크하기 위한 관리표

> 전년은 전년 동월의 실적, 년초는 년초의 계획, 결정은 수정후 가각의 목표 매출액을 기재한다.

PART 4

판매라인에 적용하는
# 개별판매계획을 작성하자

- 개별계획의 작성방법을 파악하자
- 월별 판매계획을 작성하자
- 담당자별 판매계획을 작성하자
- 거래처별 판매계획을 작성하자
- 상품별 판매계획을 작성하자
- 채널별 판매계획을 작성하자
- 지역별 판매계획을 작성하자

# 01

## 개별계획의 작성방법을 파악하자

판매계획을 실행하기 위한 세분화

### ■ 개별판매계획에 적용하는 방법

판매계획이 실제의 기업활동에 활용되기 위해서는 월별, 담당자별, 거래처별, 상품별, 채널별, 지역별 등의 계획으로 세분화 해야 한다. 왜냐하면, 매출액이나 매출총이익의 합계가 정리된 종합판매계획에서는 판매목표를 달성하기 위해 실제로 어떠한 판매활동을 하면 좋을지 알 수 없기 때문이다.

구체적으로 종합판매계획을 개별계획에 적용하기 위해서는 일반적으로 다음과 같은 방법을 사용한다.

### ❶ 월별계획으로 세분화한다.

연간계획과 월차계획으로 세워두면 매월 목표와 실적을 대비하여 유효한 대책을 신속하게 세울 수 있다.

### ❷ 담당자별로 세분화한다.

담당자별 판매계획은 실행책임자로서 판매계획이며 가장 중요한 개별계획이다. 또한, 이것은 담당자 개인마다 계획뿐만 아니라 사업소 단위의 판매계획도 포함된다.

### ❸ 거래처별로 세분화한다.

누구에게 판매할 것인가를 정하는 개별계획이다. 효율적인 판매활동을 하기 위해서는 빠트릴 수 없다.

### ❹ 상품별로 세분화한다.

상품별 판매계획은 상품구성의 재검토나 구매 계획, 생산계획을 작성하기 위한 기본자료가 된다.

### ❺ 채널별로 세분화한다.

거래처별 판매계획과 같이 효율적인 판매활동을 하기 위해 작성된 거래처별 판매계획의 보완적인 역할을 담당한다.

### ❻ 지역별로 세분화한다.

거래처별 판매계획과 같이 효율적인 판매활동을 하기 위해 작성된다.

# 개별계획의 전개 사례

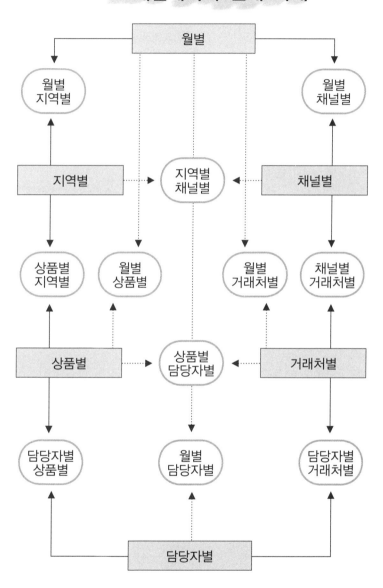

이러한 개별계획은 각각 독립한 계획임과 동시에 몇 개의 계획이 조합된 형태로 하나의 판매계획으로서 작성하는 것이 가능하다. 오히려 판매현장에서는 단독계획보다도 복수의 개별계획을 세트set로 하여 활용되는 것이 보통이다. 개별계획의 조합은 그림과 같이 다양한 변화가 있다.

## ◢ 매니지먼트 사이클과 개별판매계획

판매계획은 판매활동의 현장에서 실제로 활용되어야만 가치가 있는 것이다. 종종 판매계획을 만들어 버리면 그것으로 안심하게 되어 계획이 행동으로 이어지지 않는 경우를 볼 수 있다. 그와 같은 일이 일어나지 않게 하기 위해서는 끊임없이 실적을 평가하여야 한다.

그리고 판매예측에 어긋남이 생기는 등 상황의 격변이 있는 경우는 계획의 수정이 강요되는 일도 있을 것이다. 그러나 시장의 변화 등을 캐치catch 하기 위해서는 일상적으로 목표의 달성률 등을 점검해 둔다. 그러기 위한 유효한 도구가 개별판매계획이다.

연간계획으로서 정리된 종합판매계획을 월별판매계획으로 세분화하는 것은 그 전형적인 예라고 할 수 있다. 개별판매계획은 이러한 관리 시스템을 효과적으로 가동하기 위해서도 필요하다.

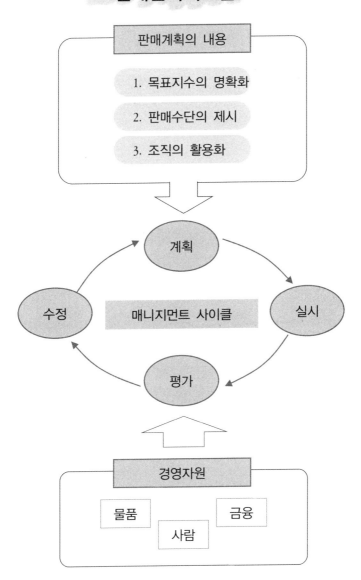

# 판매관리시스템

판매계획의 내용

1. 목표지수의 명확화

2. 판매수단의 제시

3. 조직의 활용화

계획

수정

매니지먼트 사이클

실시

평가

경영자원

물품

사람

금융

# 02

## 월별 판매계획을 작성하자

계절변동지수로 목표매출액을 조정

### ◣ 매출액은 매월 변한다

월별판매계획은 판매목표를 달성하기 위해 빠트릴 수 없다. 월별판매계획은 연간계획으로서 정리된 종합판매계획을 단순히 12개월로 분할하면 되는 것이 아니다. 일반적으로 매출액이 늘어나는 시기와 그렇지 않은 시기가 있기 때문이다.

매월 매출액이 일정하여 변동이 전혀 없는 기업은 많지 않다. 따라서 월별판매계획으로 전개할 때에는 과거의 실적으로부터 매월 매출액 경향을 파악해 둘 필요가 있다. 즉 매출액의 계절변동을 고려한 판매계획을 작성할 필요가 있다. 물론 이러한 변동은 계절상품에 한정된 것이 아니다.

## ■ 월별평균법에 의한 계절변동지수의 산출법

월별매출액의 변동을 알기 위해서는 월별평균법에 따라 매출액의 계절변동지수를 산출하는 것이 일반적이다. 산출 순서는 다음과 같다.

① 과거 수년간(3년 정도)의 매출액 실적을 월별로 산출한다.

② 과거의 실적으로부터 각 월별평균치를 구한다.

③ 각 월별평균치를 합계한다.

④ 각 월별합계평균액에 대해 각 월의 평균치가 어느 정도의 비율이 되는가를 퍼센트(%)로 구한다(각 월의 구성비).

⑤ 계절변동지수(＝각 월평균매출액÷1월당 평균매출액)를 구한다.

즉, 계절변동지수란 1개월당 평균매출액을 1로 하였을 때, 각 월의 매출액이 어떠한 지수가 되는가를 나타내고 있는 것이다. 또, 구성비와 계절변동지수는 다음과 같은 상관관계에 있다.

**계절변동지수 ＝ 구성비 × 0.12**

따라서 구성비로부터 계절변동지수를 알 수 있다. 그리고 과거의 실적에서 산출된 계절변동지수 또는 구성비를 이용하여 월별판매계획을 작성한다. 그 경우 먼저 판매계획의 시안이 되는 프레임frame을 작성하면 좋을 것이다.

월간목표매출액을 변동지수로 배정하는데 있어서는 다음의 계산식을 이용한다.

$$\text{월별목표매출액} = \frac{\text{연간매출액}}{12} \times \text{계절변동지수}$$

## ■ 이동평균비율법에 의한 계절변동지수의 산출법

월별평균법 외에도 이동평균 비율법에 따라 계절변동지수를 산출하는 것이 가능하다. 월별평균법보다도 정확한 변동을 포착할 수 있다. 산출 순서는 다음과 같다.

① 각 월의 12개월의 이동평균치를 구한다.

② 각 월의 실적치를 이동평균치로 나눈다.

③ 각 수치의 월별평균치를 구한다.

④ 그 월별평균치를 합하여 12로 나누어, 총평균치를 구한다.

⑤ 월별평균법과 동일하게 연간목표매출액을 12로 나눈 것과 그 월의 계절변동지수를 곱한 것이 월별목표매출액이 된다.

**☑ 계산예**

실제로 월별 평균법에 따라 계절 변동 지수를 산출해 보겠습니다. 아래의 산정표에서는 과거 3년간의 실적 데이터를 이용하고 있다.

① **월별 3개년 평균을 구한다.**

먼저, 각 월별로 3개년의 평균치를 구한다. 이 사례에서는 예를 들면 4월의 월별 평균치는 (1.6억원＋0.9억원＋0.9억원)÷3=1.1억원이 된다.

② **총평균치를 산출한다**

다음으로 각 월의 평균치를 더하여 12로 나누어 총 평균치를 산출한다. 월별 평균치의 1년간 합계는 21.9억원이 되며, 총평균치는 1.8억원이 된다.

③ **계절변동지수를 산출한다**

월별 평균치를 이 총 평균치로 나눈 것이 계절 변동 지수가 된다. 기재 예에서의 4월은 0.6이 됩니다(계산을 간단히 하기 위해 소수점 이하 2자리를 반올림한다. 또, 백분율 표시는 하지 않는다).

④ **목표매출액을 배정한다**

마지막으로 연간 목표 매출액을 계절 변동 지수로 배정하는 것이 된다.

즉, 월별목표매출액=(연간목표매출액÷12)×계절변동 지수이므로 4월이라면 22억원÷12×0.6≒1.1억원이 된다.

또한, 이 계산예에서는 계산방법을 알기 쉽게 하기 위해 소수점 이하 2자리를 반올림하고 있다. 그 결과 약간의 오차가 있다.

# 월별 목표매출액 산정표

(월별평균법)

| 월 | 월별 매출액 실적 | | | 월별 평균치 | 계절 변동지수 | 월별 목표매출액 (단위 : 억원) |
|---|---|---|---|---|---|---|
| | 2년도 | 3년도 | 4년도 | | | |
| 4 | 1.6 | 0.9 | 0.9 | 1.1 | 0.6 | 1.1 |
| 5 | 1 | 1 | 1.3 | 1.1 | 0.6 | 1.1 |
| 6 | 1.8 | 1.5 | 1.6 | 1.6 | 0.9 | 1.6 |
| 7 | 1.9 | 1.7 | 1.8 | 1.8 | 1 | 1.8 |
| 8 | 2 | 1.8 | 2.4 | 2.1 | 1.2 | 2.2 |
| 9 | 2.2 | 2.6 | 2.5 | 2.4 | 1.3 | 2.3 |
| 10 | 2.8 | 2.9 | 3 | 2.9 | 1.6 | 2.9 |
| 11 | 2.5 | 2.7 | 2.8 | 2.7 | 1.5 | 2.7 |
| 12 | 2 | 1.8 | 1.8 | 1.9 | 1.1 | 2.0 |
| 1 | 1.9 | 1.6 | 1.7 | 1.7 | 0.9 | 1.8 |
| 2 | 1.7 | 1.4 | 1.2 | 1.4 | 0.8 | 1.4 |
| 3 | 1.6 | 1.1 | 1 | 1.22 | 0.7 | 1.3 |
| 합계 | 23 | 21 | 22 | 21.9 | 12.2 | 22.0 |
| 총 평균치 | | | | 1.8 | | |

☑ 계산예

이동평균 비율법을 사용한 계절변동지수의 산출방법은 월별평균법에 비하면 조금 복잡하다.

이동평균 비율법에서는 만일 3년간의 이동평균치를 내고자 하는 경우 과거 3년간과 11개월분의 데이터가 필요하게 된다.

① 12개월 이동평균치를 산출한다.

과거 3년간의 실적으로부터 이동 평균치를 구한다. 예를 들면 4년도 4월의 이동평균치는 3년도 5월부터 4월까지의 실적치를 합하여 12로 나눈 것이 된다.

또한, 2년도 4월의 이동평균치는 그 전년도(1년도)의 5월부터 2년도 4월까지의 실적이 근거가 된다.

② 각 월의 실적을 이동평균치로 나눈다.

예를 들면 2년도 4월은 1.6÷1.7≒0.9가 된다(실적은 월별평균법의 데이터를 유용).

③ 월별평균치를 산출한다.

②에서 산출된 수치를 월별로 합하여 3으로 나눕니다. 예를 들어, 4월이라면 (0.9+0.5+0.5)÷3≒0.6이 된다.

④ 총평균치를 산출한다.

③월별평균치를 합한 것을 12로 나누어 총평균치를 구한다.

⑤ 계절변동지수를 산출한다.

월별평균치를 총평균치로 나누어, 계절변동지수를 구한다.

⑥ 목표매출액을 배정한다.

월별목표매출액=(연간목표매출액÷12)×계절변동지수라고 하는 계산식에 따라 월별목표매출액을 구한다.

이 사례는 4월이라면 1.1억원이 된다.

# 월별 목표매출액 산정표

(이동평균비율법)

| 월 | 12개월 이동평균치 | | | 실적/이동 평균치 | | | 월별 평균치 | 계절 변동지수 | 목표 매출액 (단위 : 억원) |
|---|---|---|---|---|---|---|---|---|---|
| | 2년도 | 3년도 | 4년도 | 2년도 | 3년도 | 4년도 | | | |
| 4 | 1.7 | 1.9 | 1.8 | 0.9 | 0.5 | 0.5 | 0.6 | 0.6 | 1.1 |
| 5 | 1.7 | 1.9 | 1.8 | 0.6 | 0.5 | 0.7 | 0.6 | 0.6 | 1.1 |
| 6 | 1.6 | 1.8 | 1.8 | 1.1 | 0.8 | 0.9 | 0.9 | 0.9 | 1.6 |
| 7 | 1.6 | 1.8 | 1.8 | 1.2 | 0.9 | 1 | 1.0 | 1.0 | 1.8 |
| 8 | 1.6 | 1.8 | 1.8 | 1.3 | 1 | 1.3 | 1.2 | 1.2 | 2.2 |
| 9 | 1.6 | 1.8 | 1.8 | 1.4 | 1.4 | 1.4 | 1.4 | 1.4 | 2.5 |
| 10 | 1.7 | 1.8 | 1.8 | 1.6 | 1.6 | 1.7 | 1.6 | 1.6 | 2.9 |
| 11 | 1.8 | 1.9 | 1.9 | 1.4 | 1.4 | 1.5 | 1.4 | 1.4 | 2.5 |
| 12 | 1.8 | 1.7 | 1.9 | 1.1 | 1.1 | 0.9 | 1.0 | 1.0 | 1.8 |
| 1 | 1.9 | 1.8 | 1.9 | 1 | 0.9 | 0.9 | 0.9 | 0.9 | 1.6 |
| 2 | 1.9 | 1.8 | 1.8 | 0.9 | 0.8 | 0.7 | 0.8 | 0.8 | 1.4 |
| 3 | 1.9 | 1.8 | 1.8 | 0.8 | 0.6 | 0.4 | 0.6 | 0.6 | 1.1 |
| 합계 | — | — | — | — | — | — | 12 | 12 | 21.6 |
| 총 평균치 | | | | | | | 1 | | |

## ■ 구성비를 이용한 프레임

또한, 계절변동지수 대신에 구성비를 이용하여 작성하는 방법도 있다. 구성비를 이용한 경우 기본적으로는 월별 배당액에 그 월의 구성비를 곱하면 그 월의 목표 매출액이 산출된다. 구성비를 이용한 산정표이다. 월별판매계획을 작성하는 데 필요한 항목도 포함하여 기재하면 좋을 것이다. 그 순서는 다음과 같다.

① 월별 구성비를 기재한다.

② 매출액, 변동비(매출원가＋판매변동비), 판매고정비(고정비를 12등분한 것), 총판매비용(변동비＋판매고정비), 부문 책임 이익(매출액－총판매비용)의 연간합계액을 기재한다.

③ 배당액을 기재한다.

④ 배당액에 각각의 월의 구성비를 곱하여 각 월의 목표매출액 등을 산출한다.

⑤ 특별한 요인으로 배당액을 조정하지 않으면 안 될 때에는 그 내용을 기재해 둔다.

# ■ 월별 판매계획표로 정리하자

다음은 목표매출액산정표에 따라 월별판매계획표를 정리한다. 종합 판매계획과 같이 변동 손익계산의 형식으로 작성한다. 그때에는 다음의 사항에 주의하여 작성한다.

① 종합판매계획(연간계획)을 근거로 대략적인 숫자를 기재한다.

② 변동비는 매출원가와 판매변동비로 나누어 기재한다.

③ 판매원가 범위가 정해지면 구매부문과 조정하여 구매액을 결정한다.

④ 판매변동비는 그 내역 항목의 비율에 따라 계상한다.

# 월별 목표매출액 산정표

(구성비를 이용한 방법)

| 월＼항목 | 구성비 | 매출액 | 변동비 | 판매 고정비 | 총판매 비 용 | 부문 책임이익 |
|---|---|---|---|---|---|---|
| 연간합계 | 100 | ② →| | | | |
| 배당액 | | ③ →| | | | |
| 1월 | ① | ④ →| | | | |
| 2월 | | | | | | |
| 3월 | ↓ | ↓ | | | | |
| 4월 | | | | | | |
| 5월 | | | | | | |
| 6월 | | | | | | |
| 7월 | | | | | | |
| 8월 | | | | | | |
| 9월 | | | | | | |
| 10월 | | | | | | |
| 11월 | | | | | | |
| 12월 | | | | | | |
| 특별요인 | | ⑤ →| | | | |

# 월별 판매계획표

| 항 목 | 연간합계 | | 1월 | | 2월 | | 3월 | |
|---|---|---|---|---|---|---|---|---|
| | 금액 | 매출액<br>대비<br>비율 | 금액 | 매출액<br>대비<br>비율 | 금액 | 매출액<br>대비<br>비율 | 금액 | 매출액<br>대비<br>비율 |
| 1. 매출액 | | | | | | | | |
| 2. 매출원가 | | | | | | | | |
| (1) 기별상품재고액 | | | | | | | | |
| (2) 당기상품매입액 | | | | | | | | |
| (3) 기말상품재고액 | | | | | | | | |
| 매출총이익 | | | | | | | | |
| 3. 판매변동비 | | | | | | | | |
| (1) 판매운임 | | | | | | | | |
| (2) 보관료 | | | | | | | | |
| (3) 하역비 | | | | | | | | |
| (4) 포장비 | | | | | | | | |
| (5) 기타 | | | | | | | | |
| 한계이익 | | | | | | | | |
| 4. 판매고정비 | | | | | | | | |
| (1) 인건비 | | | | | | | | |
| (2) 여비교통비 | | | | | | | | |
| (3) 통신비 | | | | | | | | |
| (4) 접대비 | | | | | | | | |
| (5) 차량비 | | | | | | | | |
| (6) 사무용소모품비 | | | | | | | | |
| (7) 기타 | | | | | | | | |
| 부문책임이익 | | | | | | | | |

# 월별 담당자별 판매계획표

| 담당자 | 전년도실적 | ○○○○년 판매계획 | | | | | | | | | |
|---|---|---|---|---|---|---|---|---|---|---|---|
| | | 연간계획 | 1월 | 2월 | 3월 | 4월 | | | 10월 | 11월 | 12월 |
| | | | | | | | | | | | |
| | | | | | | | | | | | |
| | | | | | | | | | | | |
| | | | | | | | | | | | |
| | | | | | | | | | | | |
| | | | | | | | | | | | |
| | | | | | | | | | | | |
| | | | | | | | | | | | |
| | | | | | | | | | | | |
| | | | | | | | | | | | |
| | | | | | | | | | | | |
| | | | | | | | | | | | |
| | | | | | | | | | | | |
| | | | | | | | | | | | |
| | | | | | | | | | | | |
| 합계 | | | | | | | | | | | |

앞의 판매계획표를 근거로 목표매출액을 각 담당자에게 할당한 판매계획표(담당자별 판매계획의 항을 참조)

# 03

## 담당자별 판매계획을 작성하자

담당자의 자기신고와 조정이 포인트

### ◤ 담당자의 판매할당액을 정할 때의 주의점

담당자별 판매계획은 각종 개별계획 중에서도 가장 중요한 것이라고 할 수 있다. 왜냐하면, 거래처별 판매계획, 상품별 판매계획 등은 담당자의 판매목표가 확정된 후, 그 목표를 달성하는 수단으로 정리되기 때문이다.

담당자는 어떤 상품을 어떤 채널로 판매하면 효과적인지 현실을 가장 잘 알고 있다. 담당자별 판매계획을 작성한다고 하는 것은 개인 목표를 할당하는 것이 된다. 그 할당액을 실행시키기 위해서는 담당자의 의견도 받아들여야 한다.

단, PART 2, 3에서 설명한 바와 같이 목표 매출총이익이 결정된 단계에서 기업으로서 설정한 목표와 담당자로부터 누적된 목표액의 협상이 이루어진다면 다음은 약간의 조정으로 끝날 것이다.

실제로 다음과 같은 순서로 담당자의 할당이 정해진다.

### ❶ 목표매출액·목표매출 총이익의 누계

담당자는 매출액과 매출총이익에 대해 종합판매계획을 작성하는 과정에서 누계로부터 자신의 판매목표를 세운다.

### ❷ 담당자의 보고와 부서 내 조정

담당자는 이 판매목표를 상사에게 자진 보고하고 부서장과 조정에 의해 부서의 보고액이 결정된다.

### ❸ 목표매출액·목표매출총이익의 수정

부서의 누적 보고액과 회사로부터 제시된 목표매출액 또는 매출총이익의 할당액에 차이가 있을 때에는 부서장은 다시 부서의 목표 보고액을 조정·수정한다.

### ❹ 부서의 목표액 할당

회사가 제시한 목표와 부서의 보고액이 일치하면 부서의 판매가 정해진다.

### ❺ 담당자의 목표액 할당

부서장과 담당자의 최종적인 조정을 거쳐 담당자의 판매목표 할당이 이루어져 개인의 판매목표가 결정된다. 개별계획을 작성하는 단계에서 담당자의 판매목표(목표매출총이익·목표매출액)를 할당할 때에는 다음과 같은 포인트를 염두에 두고 검토한다.

① 담당자의 과거 3년 정도의 실적을 파악한다.

② 담당자가 스스로 보고한 목표액과 대조한다.

③ 각 담당자의 거래처에서 경쟁 상품과 경합 상황이 어떻게 되고 있는가를 가능한 한 자세히 파악한다.

④ 담당자의 판매능력에 대해서도 검토·평가한다.

이처럼 할당액의 산정 시에는 실적 등의 수치로부터 판단뿐만 아니라, 비계수적 분석도 한다. 일반적으로 개인 목표의 할당은 영업소·사무소 등의 현장 책임자가 행한다. 공평하고 객관적인 판단이 요구된다.


## ◼ 담당자별 판매계획표를 작성하자

담당자별 목표매출액·목표매출총이익이 확정되면 담당자별 판매계획을 정리한다. 목표치로서 기재하는 것은 목표매출액이지만, 목표매출총이익도 기재한다. 이 판매계획은 목표를 달성하기 위한 실전적인 도구가 되기 때문에 가능한 한 자세히 작성하도록 한다.

담당자가 작성한 담당자별 판매계획은 거래처별상품별 판매계획으로 조합한 것, 월별거래처별 판매계획으로 조합한 것, 월별상품별 판매계획으로 조합한 것 등이 있다.

# 담당자별 판매할당 검토표

(단위 : 원)

| 담당자명 | 판매실적 | | | 담당자신고 | 판매액 | | 인건비대비매출총이익 | 담당자능력 | | | | | 기타검토사항 | 결정액 |
|---|---|---|---|---|---|---|---|---|---|---|---|---|---|---|
| | ○년 | ○년 | ○년 | | 판매액 | 회사내구성비 | | 판매력 | 제안능력 | 행동력 | 관리능력 | 종합력 | | |
| | | | | | | | | | | | | | | |
| | | | | | | | | | | | | | | |
| | | | | | | | | | | | | | | |
| | | | | | | | | | | | | | | |
| | | | | | | | | | | | | | | |
| | | | | | | | | | | | | | | |
| 계 | | | | | | | | | | | | | | |

담당자 본인이 제시한 목표매출액을 기재. 괄호는 매출총이익

인건비대비매출총이익
인건비 : 200
매출총액 : 1000
비율 : 500%

## ◤ 담당자별 판매계획표를 작성하자

담당자별 목표매출액·목표매출총이익이 확정되면 담당자별 판매계획을 정리한다. 목표치로서 기재하는 것은 목표매출액이지만, 목표매출총이익도 기재한다.

이 판매계획은 목표를 달성하기 위한 실전적인 도구가 되기 때문에 가능한 한 자세히 작성하도록 한다.

담당자가 작성한 담당자별 판매계획은

① 거래처별 상품별 판매계획으로 조합한 것,

② 월별 거래처별 판매계획으로 조합한 것,

③ 월별 상품별 판매계획으로 조합한 것 등이 있다.

### ❶ 거래처별 판매계획

거래처별·상품별로 조합한 담당자별 판매계획은 할당된 판매목표를 달성하기 위해 어느 상품을 누구에게 파는가 하고 하는 취지의 계획이다. 담당자별 판매계획 중에서 가장 기본이 되는 형식이다. 이 판매계획표를 정리할 때의 기본은 다음과 같다.

• 거래처는 가능한 상세하게 기록하고, 순위를 기록한다.

이 순위를 붙이는 방법은 ABC 분석에 의한 중점관리이다.

# 담당자용 판매계획표

목표매출액과 목표매출총이익을 기록한다.

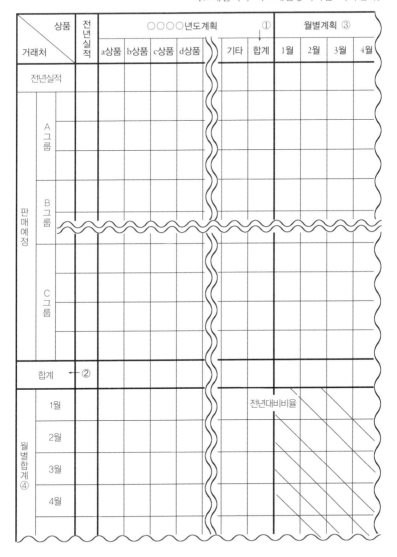

| 거래처 \ 상품 | 전년실적 | ○○○○년도계획 ① | | | | | 기타 | 합계 | 월별계획 ③ | | | |
|---|---|---|---|---|---|---|---|---|---|---|---|---|
| | | a상품 | b상품 | c상품 | d상품 | | | | 1월 | 2월 | 3월 | 4월 |
| 전년실적 | | | | | | | | | | | | |
| 판매예정 A그룹 | | | | | | | | | | | | |
| B그룹 | | | | | | | | | | | | |
| C그룹 | | | | | | | | | | | | |
| 합계 ←② | | | | | | | | | | | | |
| 월별합계 ④ 1월 | | | | | | 전년대비비율 | | | | | | |
| 2월 | | | | | | | | | | | | |
| 3월 | | | | | | | | | | | | |
| 4월 | | | | | | | | | | | | |

### ❷ 상품별 판매계획

• 상품은 주력상품을 중심으로 기재한다.

주력상품에 대해서는 명칭, 그 이외는 기타로 정리해도 좋을 것이다. 담당자용 판매계획표는 담당자용으로 거래처별 상품별 판매계획에 더하여 월별판매계획과 조합한 판매계획표이다. 이 표의 ①합계가 거래처마다 목표매출액(매출총이익), ②합계가 상품마다 목표매출액(매출총이익)이 된다.

### ❸ 월별 거래처별 판매계획

거래처별로 월마다 매출액(매출총이익)을 기재한다. 표③에 해당한다.

### ❹ 월별 상품별 판매계획

상품별로 월마다의 매출액(매출총이익)을 기재한다. 표 ④에 해당한다.

## ◼ 영업소별 할당액을 검토하자

판매의 주체를 중심으로 생각한 판매계획으로는 담당자별 판매계획 외에 영업소・사무소・점포별, 부서별 판매계획이 있다. 본사에서는 이러한 하부 조직별로 판매목표를 할당한다.

이 경우 다음 사항에 주의해야 한다.

① 각각의 조직의 영역을 명확히 해 둔다.

② 각 조직이 영역으로 하는 시장의 수요예측을 충분히 한다.

목표의 할당에는 과거의 판매실적을 참고하는 것은 당연하지만, 영업소 등 조직단위의 판매계획을 작성하는 경우에는 자사 상품의 판매실적만을 근거로 하면 공평성이 결여될 수도 있다.

또한, 점포 등은 입지조건이 매출액에 커다란 영향을 미치지만, 입지조건은 주위환경의 변화와 함께 변해간다. 수요예측·판매예측과 관련하여 여기서는 매출액과 밀접한 관련이 있는 지표를 사용한 부서별 판매할당 검토표를 소개한다. 실제로 영업소 등에 판매목표를 할당할 때에 도움이 될 것이다.

먼저 적정하게 판매목표를 할당하면서는 그 기준을 산정하여야 한다. 그 순서는 다음과 같다.

## ❶ 관련지표를 추출한다.

매출액과 관련성 있는 지표를 추출한다. 이때 지역구매력 자사판매력 시장장래성 등의 카테고리 category로 나누어, 각각의 카테고리로부터 주된 항목을 추출하면 좋을 것이다.

🔵 a. 지역구매력 … 인구, 세대수, 대상고객 수, 소득 등

　　b. 자사판매력 … 거래처, 시장점유율, 자사상품판매액 등

　　c. 시장장래성 … 주택착공수, 도로신설계획, 경쟁사의 참가 등

## ❷ 관련지표를 차등화한다

a, b, c의 카테고리로부터 채택한 관련지표에 매출액과 관련성 깊이에 따라 중요도를 표시한다.

> 예 a. 인구: 10%
>
>   b. 자사상품판매수: 10%
>
>   c. 주택착공수: 50%

## ❸ 영업소별로 구성비를 산출한다.

각각의 영업소의 영역에서, a, b, c 지표의 최신 자료를 조사하여 기재한다.

> 예 A영업소 : 인구=10만명/100만명(회사전체)
>
>        자사상품판매수=2만개/10만개(회사전체)
>
>        주택착공수=1000건/1만건(회사전체)

A영업소의 구성비는 다음과 같다.

a. (인      구)=10만명/100만명×0.1=0.01

b. (자사상품수)=2만개/10만개×0.4=0.08

c. (주택착공수)=1000건/1만건×0.5=0.05

   ※ 회사전체 목표매출액에 대한 구성은 0.01+0.08+0.05=0.14

만일 이 기업의 회사전체목표매출액이 10억원이라고 하면, A영업소의 목표할당액은 10억원×0.14=1억4000만원이다.

# 영업소별 판매할당 검토표

| 지표<br><br>부서 | a 인구 | | b 상품판매수 | | c 주택착공건수 | | 부서별<br>구성비 |
|---|---|---|---|---|---|---|---|
| | 가중치 | 구성비 | 가중치 | 구성비 | 가중치 | 구성비 | |
| A | 10% | 10% | 40% | 20% | 50% | 10% | 14% |
| | | | | | | | |
| | | | | | | | |
| | | | | | | | |
| | | | | | | | |
| | | | | | | | |
| | | | | | | | |
| | | | | | | | |
| 회사전체 | | | | | | | |

## ◤ 영업소별 · 점포별 판매계획표로 정리하자

영업소별이나 점포별로 판매계획을 정리할 때에는 영업소나 점포의 영업효율을 알 수 있도록 해 두면, 판매활동을 체크할 때 편리하다. 판매계획에서 중심이 되는 것은 목표매출액과 목표매출총이익 이다. 그 외에 다음과 같은 항목을 추가 할 수도 있다.

① 1인당 매출액(매출총이익) … 인원효율을 기재한다.

② 평당 매출액 … 점포 등에서의 영업효율을 기재한다.

③ 교차 비율(매출총이익×상품회전율) … 평균재고로 얼마의 매출총이익을 올렸는가를 기재한다.

# 영업소별 판매계획표

___년도___ ___영업소___

| 항목 | | 상반기 | | 하반기 | | 년간 | |
|---|---|---|---|---|---|---|---|
| | | 금액 | % | 금액 | % | 금액 | % |
| ① 순매출금액 | | | 100 | | 100 | | 100 |
| ②매출원가 | 구매금액 | | | | | | |
| | 구매제비용 | | | | | | |
| | 재고분 | | | | | | |
| ③ 매출총이익 (①-②) | | | | | | | |
| ④직접판매비 | 매출할인 | | | | | | |
| | 판매촉진비 | | | | | | |
| | 배송비 | | | | | | |
| | 계 | | | | | | |
| ⑤간접판매비 | 접대비 | | | | | | |
| | 출장여비 | | | | | | |
| | 영업부급여 | | | | | | |
| | 계 | | | | | | |
| ⑥ 판매비합계 (④+⑤) | | | | | | | |
| ⑦ 관리비 | | | | | | | |
| ⑧ 사업소이익 (③-⑥-⑦) | | | | | | | |

> 종합매출금액에서 반품금액을 제외한 것

> 통신비, 임차료, 인건비 등 판매경비 이외의 것

# 점포별 판매계획표

 년도 사업소 (단위 : 원)

| 지역 | 점포명 | 매출액 | 매출총이익 | 1명당 매출액 | 1명당 매출총이익 | 평당 매출액 | 교차비율 |
|------|--------|--------|------------|--------------|------------------|-------------|----------|
| | | | | | | | |
| | | | | | | | |
| | | | | | | | |
| | | | | | | | |
| | 계 | | | | | | |
| | | | | | | | |
| | | | | | | | |
| | | | | | | | |
| | | | | | | | |
| | | | | | | | |
| | 계 | | | | | | |
| | | | | | | | |
| | | | | | | | |
| | | | | | | | |
| | | | | | | | |
| | 계 | | | | | | |
| | | | | | | | |
| | | | | | | | |
| | | | | | | | |
| | | | | | | | |
| | 계 | | | | | | |
| | | | | | | | |
| | | | | | | | |
| | | | | | | | |
| | | | | | | | |
| | 계 | | | | | | |
| 합 | 계 | | | | | | |

- 교차비율
= 매출총이익 × 상품회전율

각 점포의 영업(판매) 효율을 비교·검토하기 위한 계획표

# 04

## 거래처별 판매계획을 작성하자

ABC 분석으로 중점관리

### ■ 거래처별 판매계획의 종류

거래처별 판매계획은 판매계획 전체를 파악하는 데 중요한 역할을 한다. 일반적으로 회사 전체의 목표는 각 담당자나 각 부문이 정리한 거래처별 판매계획(안)의 조정에 의해 결정된다. 또한, 이 거래처별 판매계획은 개별판매계획 중에서 가장 많은 변화가 예상된다.

기업은 각각의 실적에 맞는 거래처별 판매계획을 작성하는 것으로 영업효율을 개선할 수 있다. 거래처별 판매계획의 기본적인 사고방식과 종류에 대해 알아보자.

먼저 다양한 스타일의 거래처별 판매계획에 공통되는 것은 다음과 같다.
① 목표매출액과 목표매출총이익(율)을 계상한다.
② 거래처는 중점관리하기 위해 ABC 분석으로 그룹화한다.
③ 담당 부서 또는 담당자를 기재한다.
④ 전년도 실적을 기재한다.

거래처별 판매계획의 종류는 다음과 같은 것이 있다.

### ❶ 거래처별 · 월별 판매계획

거래처마다 판매목표를 월별로 나타낸 것으로 실용성이 가장 높아 상당히 중요하다.

### ❷ 거래처별 · 상품별 판매계획

거래처별로 상품마다 판매목표를 나타낸 것으로 연간으로 정리한 것이다. 이 경우 상품은 주력 상품을 중심으로 기재한다.

### ❸ 거래처별 · 상품별 · 월별 판매계획

연간계획으로서 정리된 거래처별 · 상품별 판매계획을 월별로 전개한 것이다. 항목이 여러 갈래에 이르기 때문에 거래처나 상품에 대해서는 주된 대상밖에 나타낼 수 없다. 담당자 개인이 자신이 기대하고 있는 대상을 기재해도 좋을 것이다.

## ◼ ABC 분석으로 중점관리 하자

거래처별 판매계획에서는 일정기준에 따라 순위를 정하고 순위별로 나누어 관리한다. 이러한 중점관리에 종종 사용되는 것이 ABC 분석이다. ABC 분석은 효율적인 재고조사관리에서 발견된 80:20 곡선을 응용한 것이다.

이것은 다양한 활동 중에서 관련된 요소 중 중요한 것은 그 안의 소수밖에 없다고 하는 사고방식이다. 구체적으로는 그 활동 가치의 80%

는 전체의 20%로부터 발생하고, 한편 나머지 20%의 가치는 전체 80%로부터 발생한다고 하는 이론이다.

이 이론을 판매계획에 적용하여 생각하면 다음과 같다.

전체매출액의 80%는 매출액 상위 20%의 거래처에 의해 발생하고, 전체 80%를 차지하는 거래처로부터는 전체 매출액의 20%밖에 매출을 기대할 수 없다. 그래서 거래처별 판매계획을 검토하는 경우에는 전체의 20%에 해당하는 중요한 거래처를 선정한다.

단, 80:20이라고 하는 비율은 원칙이며, 각각의 기업의 상황에 따라 유연하게 생각한다. 또한, ABC 분석은 거래처뿐만 아니라 상품 등의 중점관리에 이용하는 것도 가능하다.


## ◢ 거래처별 판매계획표를 정리하자

그럼 실제로 ABC 분석을 이용하여 거래처별 판매계획표를 작성해보자. ABC 분석을 하기 위해서는 먼저 거래처별 매출액을 집계하여야 한다. 그리고 거래처를 매출액이 많은 순으로 나열한다. 데이터의 기재, 재배치하는 것은 컴퓨터의 표 계산 프로그램을 이용하면 간단히 할 수 있다.

다음으로, 각 거래처의 매출액 누계를 기재한 합계금액에 대한 매출액 누계의 비율을 구한다. 이렇게 해서 완성된 집계표를 근거로 ABC 분석을 한다. 그 순서는 다음과 같다.

① 누계비율이 거의 80%가 되어 있는 곳을 찾아내, A그룹으로 한

다.

② 다음의 B, C그룹의 설정은 개개의 상품에 대해 시장성이나 이익률을 고려하여 구분한다.

다음 사례에서는 연간매출액은 22억원이고, 거래처는 50개 회사이다. 이를 거래처별 매출액집계표에 매출액이 큰 순서부터 열거한다. 그렇게 하면 ㈎거래처는 6억6천만원의 매출액을 올려 전체의 30%를 차지하고 있는 것을 알 수 있다.

그리고, ㈏회사가 매출액 5억5천만원, ㈐회사는 2억원으로 뒤를 잇는다. 이 상위 3사의 매출액을 합하면 13억 6천만원이 되어, 이미 전체의 61%를 차지하고 있는 것을 알 수 있다. 이와 같이 거래처마다 매출액을 기재하고, 그 누계를 계산해 가면 마지막 50번째(㉴거래처)의 매출액 2300만원을 더한 곳에서는 총 매출액 22억원이 된다.

이와 같이 매출액의 누계액과 누계비율을 보아 가는 것으로 대략적인 ABC 분석이 가능하다. ABC 분석은 파레토 도를 사용하면 더욱 자세히 분석할 수 있다.

파레토 도는 다음의 순서로 작성한다.

### ❶ 그래프의 프레임을 만든다.

세로축에 매출액, 가로축에 거래처를 매출액의 크기 순으로 기재한다.

### ❷ 거래처별 매출액을 표기한다.

그래프에서 각각의 거래처의 매출액을 표기하고, 그 점(정점)을 연결한다.

# ABC 분석방법

## 【 거래처별 매출액 집계표 】

| 순위 | 거래처명 | 연간매출액(백만원) | 매출액 누계(백만원) | 누계 비율(%) |
|---|---|---|---|---|
| 1 | (가) | 660 | 660 | 30.0 |
| 2 | (나) | 500 | 1160 | 52.0 |
| 3 | (다) | 200 | 1360 | 61.0 |
| 49 | (파) | 32 | 2177 | 99.9 |
| 50 | (하) | 23 | 2200 | 100.0 |
| 합계 | | 2200 | 2200 | 100.0 |

## 【 파레토 커브 】

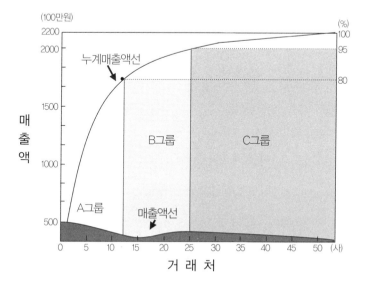

### ❸ 누계 매출액 선을 그린다.

동일하게 거래처마다 매출액의 누계액을 표기하고, 그 정점을 연결한다. 이것이 누계 매출액 선이 된다. 마지막의 50번째 거래처에서 이 누계 매출액 선은 22억원에 달하여 총 매출액과 같은 수치가 된다.

### ❹ 80% 선을 그린다.

총 매출액(22억원)의 80%, 즉 17억 6000만원의 지점에서 오른쪽을 향하여, 평행선을 그린다. 그리고 누계 매출액 선과 교차하는 지점에서 아래쪽으로 직선을 그린다.

### ❺ 98% 선을 그린다.

동일하게 총 매출액의 95%(19억 8000만원) 지점에서, 수직선을 긋습니다.

### ❻ 그래프 상에서 3개의 그룹으로 나눈다.

이 결과 누계 매출액 선과 수직선에 의해 3분할 된다. 그중에서 가장 원점에 가까운 좌측 부분을 A그룹, 그 옆을 B그룹, 나머지를 C그룹으로 한다. 이 파레토 도에서는 세로축과 가로축에 다양한 항목을 넣는 것으로 다면적인 분석이 가능하다.

예를 들면 세로축을 매출총이익으로, 가로축을 상품으로 하면 상품별 중점 관리에 도움이 될 수 있다. 거래처의 그룹화가 이루어지면 판매계획표로서 정리한다. 가장 기본으로 사용되는, 실용성 높은 거래처별·월별 판매계획표를 참고 바란다. 또 거래처별·상품별 계획표도 판매담당자가 사용하는 기본적이다. 이것을 작성할 때에는 ABC 분석에 따라 순위를 정한 거래처를 모두 기재한다. 상품에 대해서도 주력상품은 물론이고 가능한 한 모든 것을 기재하도록 한다. 또한, 인스토어 쉐어 in-store share를 기재한 거래처별 연간계획표의 모델 model을 참고해 주길 바란다.

인스토어 쉐어는 「자사상품판매액 ÷ 거래처 동종상품」의 구입액 비율로서 상품의 시장성이나 성장성을 예측하는 지표로서 도움이 된다. 고객의 발굴에 도움이 되는 거래처별 수요분석표를 참고 바란다.

# 거래처별 월별 판매계획표

| 거래처 | | 전년도 실적 | 상품명 | | | | | | 9월 | 10월 | 11월 | 12월 |
|---|---|---|---|---|---|---|---|---|---|---|---|---|
| | | | 1월 | 2월 | 3월 | 4월 | 5월 | | | | | |
| A | | | | | | | | | | | | |
| | | | | | | | | | | | | |
| | | | | | | | | | | | | |
| | | | | | | | | | | | | |
| B | | | | | | | | | | | | |
| | | | | | | | | | | | | |
| | | | | | | | | | | | | |
| | | | | | | | | | | | | |
| | | | | | | | | | | | | |
| | | | | | | | | | | | | |
| | | | | | | | | | | | | |
| C | | | | | | | | | | | | |
| | | | | | | | | | | | | |
| | | | | | | | | | | | | |
| 합계 | | | | | | | | | | | | |

# 거래처별 상품별 판매계획표

| 거래처 | 전년도 실적 | 상품명 | | | | | | | | | |
|---|---|---|---|---|---|---|---|---|---|---|---|
| | | a | b | c | d | e | | w | x | y | z |
| A | | | | | | | | | | | |
| | | | | | | | | | | | |
| | | | | | | | | | | | |
| | | | | | | | | | | | |
| B | | | | | | | | | | | |
| | | | | | | | | | | | |
| | | | | | | | | | | | |
| | | | | | | | | | | | |
| | | | | | | | | | | | |
| | | | | | | | | | | | |
| | | | | | | | | | | | |
| C | | | | | | | | | | | |
| | | | | | | | | | | | |
| 합계 | | | | | | | | | | | |

# 거래처별 판매계획표(ISS)

_____ 년도 _____ 부서

| No | 거래처명 | 매출액 | 전년 대비 | ISS (인스토어쉐어) | 매출총이익 | 매출총이익률 |
|----|----------|--------|-----------|---------------------|------------|--------------|
|    |          |        |           |                     |            |              |
|    |          |        |           |                     |            |              |
|    |          |        |           |                     |            |              |
|    |          |        |           |                     |            |              |
|    |          |        |           |                     |            |              |
|    |          |        |           |                     |            |              |
|    |          |        |           |                     |            |              |
|    |          |        |           |                     |            |              |
|    |          |        |           |                     |            |              |
|    |          |        |           |                     |            |              |
|    |          |        |           |                     |            |              |
|    |          |        |           |                     |            |              |
|    | 합계     |        |           |                     |            |              |

# 거래처별 수요분석표

| 업계 | 거래<br>처명 | 상품 | 수주<br>금액 | 구성<br>비 | 견적<br>금액 | 계약<br>률 | ISS | 경합<br>기업 | 경합<br>기업<br>ISS | 대책 | 수요<br>규모 | 수요<br>성장<br>도 |
|---|---|---|---|---|---|---|---|---|---|---|---|---|
| | | | | | | | | | | | | |
| | | | | | | | | | | | | |
| | | | | | | | | | | | | |
| | | | | | | | | | | | | |
| | | | | | | | | | | | | |
| | | | | | | | | | | | | |
| | | | | | | | | | | | | |
| | | | | | | | | | | | | |
| | | | | | | | | | | | | |
| | | | | | | | | | | | | |
| | | | | | | | | | | | | |
| | | | | | | | | | | | | |
| | | | | | | | | | | | | |
| | | | | | | | | | | | | |
| | | | | | | | | | | | | |
| | | | | | | | | | | | | |
| | | | | | | | | | | | | |
| | | | | | | | | | | | | |

견적금액과 수주금액의 차이나 계약률 등으로 부터 경합기업대책을 검토

거래처에 대해 어떠한 어프로치가 효과적인지, 청구포인트를 중심으로 검토

# 05

## 상품별 판매계획을 작성하자

이익공헌도에 의한 상품의 구성검토

## ◢◣ 상품별 판매계획의 역할

상품별 판매계획은 어느 상품을 얼마만큼 판매할 것인가 하는 계획이다. 이것을 작성하지 않는 기업이 뜻밖에 많다.

상품별 판매계획은 다음과 같은 이유로 중요하다.

### ❶ 효과적인 상품의 구성이 가능하다

매출총이익을 증가시키기 위해서는 매출총이익률을 올리는 것이 중요한 포인트이다. 그러기 위해서는 매출총이익률이 높은 상품의 매출액을 늘리기 위한 방책을 취할 필요가 있다. 이때, 상품별 판매계획에 의한 상세한 검토가 가능하다. 또한, 앞으로 크게 키워가고 싶은 전략상품을 우선하여 판매하도록 지시할 때도 상품별 판매계획은 효과적이다. 상품별로 판매목표가 없으면 판매담당자는 팔기 쉬운 상품만을 판매하여 판매실적을 올리고자 할지도 모른다. 그러나 그래서는 기업의 손익구조를 개선할 수 없다. 상품전략을 제대로 실행에 옮기기 위해서도 상품별 판매계획은 필요하다.

## ❷ 효율적인 구매계획이나 생산계획을 세울 수 있다

상품의 판매와 구매나 생산은 서로 연동하여 있다. 구매계획이나 생산계획은 판매계획에 따라 작성된다. 상품별로 상세한 수량을 파악하기 위해서는 상품별 판매계획(명세계획)이 필요하다. 거래처별 판매계획 등에서는 상품의 판매금액은 파악할 수 있어도 수량까지는 알 수 없다.


## ◢◣ 상품별 판매계획의 종류

상품별 판매계획은 다양한 형태로 작성할 수 있다. 주된 양식은 다음과 같다.

### ❶ 상품별·월별 판매계획

상품별 판매계획에서 상품별 월별 판매계획은 기본이 된다. 주력상품에 대해 월마다의 목표 매출액을 기재한다. 거래처·월별판매계획표와 유사한 양식으로 거래처·월별판매계획의 거래처 항목을 상품으로 바꿔 넣으면 상품별·월별판매계획으로 재빨리 바꿀 수 있다.

### ❷ 상품별 판매계획(명세표)

상품별로 매출액이나 매출총이익의 명세에 대해 작성한 것이다. 상품별 판매계획은 상품구성을 생각하는 데 있어서 중요하다. 특히 상품별 판매명세계획은 상품별로 매출총이익이나 매출 총이익률을 작성하여 나타내고 있으며, 상품별 판매목표와 실적이 한눈에 알 수 있게 되어 있다. 또한, 상품의 움직임이 적확하게 파악될 수 있도록 수량으로 표기한다.

### ❸ 상품별·월별 판매계획표

상품별 판매계획을 구매·생산 계획으로 결부시키기 위해 상품마다 월별판매목표를 나타냄과 동시에 사업기별 재고와 구매액에 대해서도 기재하는 것이다. 대상상품은 주력상품으로 한정해도 상관없다. 효과적으로 사용하기 위해서는 금액이 아닌 수량으로 기재한다. 물론 금액을 함께 적어도 상관없다.

## ◢ 상품구성을 검토하자

취급상품의 종류가 많을 때 모든 상품에 대해 동일한 판매방법을 취하는 것은 수익 측면에서도 아주 불합리하다. 상품의 판매에서는 상품 특성에 따른 판매전략을 세우고 확실한 판매계획을 세울 필요가 있다. 그러기 위해서는 먼저 상품의 공헌도를 정확히 파악하는 것에서부터 시작하여야 한다.

상품구성을 검토할 때에는 상술한 ABC 분석의 사고방식을 이용할 수 있다. 즉, 공헌도에 따라 상품에 우선순위를 표기하는 것이다. 이때, 그 상품의 매출 총이익률(또는 한계이익률)에 착안하여 상품의 이익공헌도를 분석한다.

분석의 구체적인 순서는 다음과 같다.

# ❶ 상품의 이익공헌도를 조사한다

취급상품 각각에 대해 매출액, 매출 총이익률, 매출총이익, 매출비율 등을 산출한다. 이는 상품의 이익공헌도를 측정하기 위한 기초자료가 된다. 다음의 표와 같은 분석표를 작성해 두면 편리하다.

# ❷ 매출 총이익률로 우선순위를 정한다

상품마다 이익공헌도를 파악하기 위해서는 매출 총이익률로 정한다. 기업의 손익구조를 개선하기 위해서는 매출액의 증감에 관계없이 지출되는 고정비를 가능한 한 빨리 회수하는 것이 하나의 포인트가 된다. 그러기 위해서는 고정비를 흡수하는 한계이익금액을 크게 하면 좋을 것이다. 즉 상품별 판매계획을 작성할 때의 기본이 되는 사고방식은 한계이익률이 높은 상품을 가능한 한 팔도록 하는 것이다. 한계이익률 대신에 매출 총이익률을 이용하여 상품의 우선순위를 검토하여도 된다.

# ❸ 매출 총이익률이 높은 상품부터 목표매출액을 채워 간다

매출 총이익률이 높은 것부터 상품의 우선순위가 정해지면 매출 총이익률이 높은 상품부터 순서대로 각각 판매 가능한 한도 직전까지 판매하도록 계획을 세운다.

예를 들면 매출 총이익률이 40%(A), 30%(B), 20%(C)인 3가지 상품이 있으면 먼저, A 상품부터 팔 수 있는 만큼 파는 판매계획을 세운다. 그다음으로 B 상품, C 상품으로 판매목표를 설정해 간다. 여기서 앞에서 소개한 이익공헌도 분석표를 보자. 이 표에는 이익공헌도(매출액구성비×매출총이익구성비)가 있다. 이 중 매출 총이익률이 높음에도, 이익공헌도가 낮은 상품은 매출액이 낮은 것으로 나타난다.

따라서 이러한 수지가 맞는 상품을 더욱 판매량을 늘릴 수 없는지 검토해 본다. 왜, 매출 총이익률이 큼에도 매출이 늘지 않는지 판매체제나 구매·생산계획을 재점검하는 것도 필요하다.

반대로 이익공헌도가 비교적 큼에도 매출 총이익률이 작은 상품에 대해서는 매출 총이익률을 더욱 높이기 위해 원가의 인하 등이 가능한지 검토해 본다.

## ❹ 상품구성을 결정한다

이와 같은 순서로 각 상품의 매출 총이익률(예상)이나 목표 매출액의 수정을 하여 상품별 판매계획의 시안으로 한다.

# 이익공헌도 분석표

| 항목 상품 | 매출액 | | 매출총이익(한계이익) | | | 이익공헌도 |
|---|---|---|---|---|---|---|
| | 금액 (천원) | 구성비 (%) | 매출총이익률 (%) | 금액 (천원) | 구성비 (%) | |
| | | | | | | |
| | | | | | | |
| | | | | | | |
| | | | | | | |
| | | | | | | |
| | | | | | | |
| | | | | | | |
| | | | | | | |
| | | | | | | |
| | | | | | | |
| | | | | | | |
| | | | | | | |
| | | | | | | |
| | | | | | | |
| | | | | | | |
| | | | | | | |
| | | | | | | |
| 합계 | | 100% | | | 100% | |

이익공헌도 = 매출액구성비 × 매출총이익구성비

# ■ PPM 분석으로 전략적 판매계획을 세우자

상품구성을 생각할 때 과거의 실적을 근거로 개선책을 세우는 것은 중요하지만, 한발 더 나아가 각 상품의 장래성을 찾는 것도 중요하다. 그 결과에 따라서는 단기계획인 판매계획도 수정이 필요하게 될지도 모른다. 그래서 시장성장률과 시장점유율을 근거로 한 PPM(Product Portfolio Management) 분석이라고 하는 분석방법에 대해 알아보자.

PPM 분석은 제품시장에 있어서 적절한 경영자원의 분배를 하기 위해 보스턴컨설팅그룹이 개발한 분석방법이다. 이는 기존 사업을 앞으로 어떻게 진행하면 좋을지를 검토할 때 도움이 되며 판매계획에서 상품구성을 생각하기 위한 도구로써 활용될 수 있다.

PPM 분석의 기본은 기존사업(상품)을 시장성장률과 시장점유율의 크기에 따라 4개의 블록으로 나누고, 각각에 대해 이후의 대처방법의 지침을 부여하는 것이다.

구체적으로는 다음과 같이 정의된다.

## ❶ 인기상품

시장점유율과 시장성장률이 모두 높고 자금의 유입도 컸지만 성장하기 위한 자금수요도 큰 것이 특징이다.

# PPM 분석의 활용

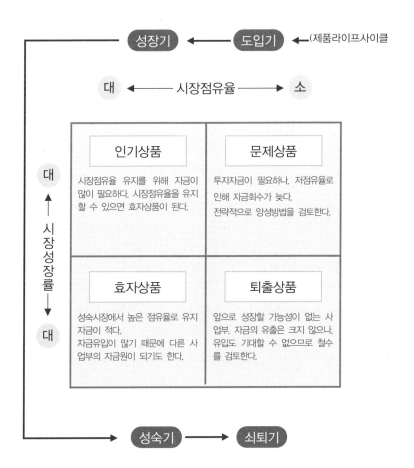

※ 다음과 같이 바꾸는 것도 가능
  시장점유율 ➡ 매출액구성비, 시장성장률 ➡ 매출총이익률

## ❷ 효자상품

시장점유율이 높으므로 자금 유입은 많고, 시장성장률이 낮으므로 유출자금은 적다. 따라서 많은 금액의 자금을 적립할 수 있다.

## ❸ 문제상품

시장성장률은 높으나 시장점유율이 낮은 사업(상품)이다. 이와 같은 상품은 일반적으로 투자에 많은 자금이 있어야 하지만, 자금유입이 적다.

## ❹ 퇴출상품

시장성장률도 시장점유율도 낮아 자금의 유입·유출이 작은 사업(상품)이다. 자사상품을 이처럼 분류하면 판매계획에 반영시킬 수 있다. 기본적으로는 다음과 같은 방침으로 상품전략을 세우게 된다.

① **인기상품** : 적극적인 투자에 의해 효자상품이 되도록 키웁니다.

② **효자상품** : 기업에서 중요한 자금원이며 투자는 최소한으로 억제하고 자금의 회수를 진행한다.

③ **문제상품** : 시장점유율을 획득하여 인기사업으로 키우기 위해 투자를 하지만, 전망이 희박하면 단념하고 철수한다.

④ **퇴출상품** : 상품을 시장에서 철수하는 방향으로 검토한다.

PPM 분석을 하는 것은 과거실적이나 현재 수요 예측 등 전략적인 상품구성을 하는 것이 가능하다. 단, 실제로는 PPM 분석을 할 때 필요한 시장점유율이나 시장성장률을 파악할 수 없는 때도 있다. 이 경우에는 시장점유율을 매출액 구성비 시장성장률을 이익률로 바꾸어 검토한다. PPM 분석의 결과는 상품별 판매계획에서 상품의 판매수량(금액)을 정하는 참고 자료가 된다.

## ◪ 상품별 판매계획표로 작성하자

이처럼 어느 상품을 얼마만큼 팔 것인가를 정하면 이제 상품별 판매계획표로 작성한다. 상품별 판매계획의 양식(종류)은 이미 말한 대로이며, 다음과 같이 모델을 제시하고 있으므로 필요하다고 생각되는 것을 작성한다. 또, 상품별 판매계획에 맞추어 상품별로 판매전략을 입안하기 위한 검토표, 계획표, 전략설정표 등을 참고한다.

# 상품별 판매계획표

_____년도 _____부서 (단위 : )

| 제품군 | 상품 | 매출수량 | 전년비 | 매출액 | 전년비 | 매출총이익 | 매출총이익률 |
|--------|------|----------|--------|--------|--------|------------|--------------|
| | | | | | | | |
| | | | | | | | |
| | | | | | | | |
| | 기타 | | | | | | |
| 계 | | | | | | | |
| | | | | | | | |
| | | | | | | | |
| | | | | | | | |
| | 기타 | | | | | | |
| 계 | | | | | | | |
| | | | | | | | |
| | | | | | | | |
| | | | | | | | |
| | 기타 | | | | | | |
| 계 | | | | | | | |
| | | | | | | | |
| | | | | | | | |
| | | | | | | | |
| | 기타 | | | | | | |
| 계 | | | | | | | |
| | | | | | | | |
| | | | | | | | |
| | | | | | | | |
| | 기타 | | | | | | |
| 계 | | | | | | | |
| 합계 | | | | | | | |

# 상품별 월별 판매계획표

( ) 매출총이익액, 또는 매출총이익률

| 상품 | | 담당 책임자 | 전년도 실적 | 연간 판매계획 | | | | | | | | | | |
|---|---|---|---|---|---|---|---|---|---|---|---|---|---|---|
| 순서 | 명칭 | | | 연간 계획 | 1월 | 2월 | 3월 | 4월 | | 9월 | 10월 | 11월 | 12월 |
| A 그룹 | | | ( ) | ( ) | | | | | | | | | |
| | | | ( ) | ( ) | | | | | | | | | |
| | | | ( ) | ( ) | | | | | | | | | |
| | | | ( ) | ( ) | | | | | | | | | |
| B 그룹 | | | ( ) | ( ) | | | | | | | | | |
| | | | ( ) | ( ) | | | | | | | | | |
| | | | ( ) | ( ) | | | | | | | | | |
| | | | ( ) | ( ) | | | | | | | | | |
| | | | ( ) | ( ) | | | | | | | | | |
| | | | ( ) | ( ) | | | | | | | | | |
| | | | ( ) | ( ) | | | | | | | | | |
| C 그룹 | | | ( ) | ( ) | | | | | | | | | |
| | | | ( ) | ( ) | | | | | | | | | |
| | | | ( ) | ( ) | | | | | | | | | |
| 합계 | | | ( ) | ( ) | | | | | | | | | |

# 상품별 판매계획 명세표

| 상품명 | 판매계획 | | | 매출총이익률 (%) | 매출총이익액 | 비율(%) | |
|---|---|---|---|---|---|---|---|
| | 단가 | 수량 | 금액 | | | 매출액 | 매출총이익액 |
| | | | | | | | |
| | | | | | | | |
| | | | | | | | |
| | | | | | | | |
| | | | | | | | |
| | | | | | | | |
| | | | | | | | |
| 기타 | | | | | | | |
| 합계 | | | | | | | |
| 신상품 | | | | | | | |
| 합계 | | | | | | | |

# 월별 상품별 판매구매 계획표

| 항목<br>상품 | 연간계획 | | | 1월 | | | 2월 | | |
|---|---|---|---|---|---|---|---|---|---|
| | 재고 | 매출 | 구매 | 재고 | 매출 | 구매 | 재고 | 매출 | 구매 |
| A<br>그<br>룹 | | | | | | | | | |
| | | | | | | | | | |
| | | | | | | | | | |
| | | | | | | | | | |
| | | | | | | | | | |
| C<br>그<br>룹 | | | | | | | | | |
| | | | | | | | | | |
| | | | | | | | | | |
| | | | | | | | | | |
| 합계 | | | | | | | | | |

# 상품별 판매전략 검토표

| 상품 | 매출액 | | 매출총이익 | | 상품 회전율 | 교차 비율 | 상품 수 | 점유율 | 시장의 수요동향 | | | | 경합 기업의 동향 | | | |
|---|---|---|---|---|---|---|---|---|---|---|---|---|---|---|---|---|
| | 수량 | 금액 | 금액 | 비율 | | | | | 규모 | 성장도 | 보급률 | 가격 동향 | 주된 경합 상품 | 자사의 장점 | 자사의 단점 | 시장 점유율 |
| | | | | | | | | | | | | | | | | |
| | | | | | | | | | | | | | | | | |
| | | | | | | | | | | | | | | | | |
| | | | | | | | | | | | | | | | | |
| | | | | | | | | | | | | | | | | |
| | | | | | | | | | | | | | | | | |
| | | | | | | | | | | | | | | | | |
| | | | | | | | | | | | | | | | | |
| | | | | | | | | | | | | | | | | |
| | | | | | | | | | | | | | | | | |
| | | | | | | | | | | | | | | | | |
| | | | | | | | | | | | | | | | | |
| | | | | | | | | | | | | | | | | |
| | | | | | | | | | | | | | | | | |
| | | | | | | | | | | | | | | | | |
| | | | | | | | | | | | | | | | | |
| | | | | | | | | | | | | | | | | |
| 합계 | | | | | | | | | | | | | | | | |

점유율
$$= \frac{\text{자사상품취급점수}}{\text{동종상품 취급점총수}}$$

시장점유율
$$= \frac{\text{자사매출액}}{\text{시장구매력}}$$

상품회전율 $= \dfrac{\text{연간매출액}}{\text{평균 재고액}}$

교차비율 = 매출총이익×상품회전율

모두 재고(자금)효율을 보는 중요한 지표

158

# 상품별 중기판매 계획표

| 상품 | 매출예측 | | | 매출액구성비 | | | 매출총이익률 | | | 시장규모예측 | | | 시장점유율 | | |
|---|---|---|---|---|---|---|---|---|---|---|---|---|---|---|---|
| | 현재 | 3년후 | 5년후 | 현재 | 3년후 | 5년후 | 현재 | 3년후 | 5년후 | 현재 | 3년후 | 5년후 | 현재 | 3년후 | 5년후 |
| | | | | | | | | | | | | | | | |
| | | | | | | | | | | | | | | | |
| | | | | | | | | | | | | | | | |
| | | | | | | | | | | | | | | | |
| | | | | | | | | | | | | | | | |
| | | | | | | | | | | | | | | | |
| | | | | | | | | | | | | | | | |
| | | | | | | | | | | | | | | | |
| | | | | | | | | | | | | | | | |
| | | | | | | | | | | | | | | | |
| | | | | | | | | | | | | | | | |
| | | | | | | | | | | | | | | | |
| | | | | | | | | | | | | | | | |
| | | | | | | | | | | | | | | | |
| | | | | | | | | | | | | | | | |
| 합계 | | | | | | | | | | | | | | | |

3년후, 5년후의 중기계획을 세울 때 필요한 시트

· 어느 상품을 신장시켜 갈지를 검토한다.
· 시장 분석은 싱크탱크 등의 조사도 참고한다.
· 시장점유율의 움직임에도 주의한다.

# 상품별 판매전략 설정표

| 상 품 | | a | b | c | d | e | f |
|---|---|---|---|---|---|---|---|
| 목표치 | 매 출 액<br>매 출 총 이 익<br>시 장 점 유 율<br>점 유 율 등 | | | | | | |
| | 매 출 액 구 성 | | | | | | |
| 판매전략 | 중 점 상 품 | | | | | | |
| | 주 력 타 켓 | | | | | | |
| | 경합상품과의 차별화 | | | | | | |
| | 신 상 품 투 입 | | | | | | |
| | 아 이 템 수 | | | | | | |
| | 가 격 정 책 | | | | | | |
| | 판 촉 방 법 | | | | | | |

상품은 주력상품을 중심으로 기재한다.

-목표 값에 더하여 구체적인 전략을 검토한다.
-사전에 판매전략상 중요한 항목을 기재한다.

# 거래처 점유율 계획표

부서 :　　　담당 :＿＿＿＿＿＿

| 거래처 | 판매품목 | 거래처 월간 판매량 | | 유저 월간 수요량 | | 자사 월간판매 계획 | | ① | | | ② | | | ③ | | | ④ | | | ⑤ | | |
|---|---|---|---|---|---|---|---|---|---|---|---|---|---|---|---|---|---|---|---|---|---|---|
| | | 수량 | 금액 (원) | 금액 (원) | 점유율 (%) | 금액 (원) | 점유율 (%) | 수요 (원) | 매출액 (원) | 점유율 (%) | 수요 (원) | 매출액 (원) | 점유율 (%) | 수요 (원) | 매출액 (원) | 점유율 (%) | 수요 (원) | 매출액 (원) | 점유율 (%) | 수요 (원) | 매출액 (원) | 점유율 (%) |
| | | | | | | | | | | | | | | | | | | | | | | |
| | | | | | | | | | | | | | | | | | | | | | | |
| | | | | | | | | | | | | | | | | | | | | | | |
| | | | | | | | | | | | | | | | | | | | | | | |
| | | | | | | | | | | | | | | | | | | | | | | |
| | | | | | | | | | | | | | | | | | | | | | | |
| | | | | | | | | | | | | | | | | | | | | | | |

> 부품제조·가공의 경우, 자사제품이 거래처의 어느 제품에 얼마나 사용되고 있는가를 파악하는 것이 중요

# 06

## 채널별 판매계획을 작성하자

거래처별 판매계획의 보완적 역할

### ◼ 채널별 판매계획의 포인트

채널별 판매계획이란 상품의 판로별로 작성하는 판매계획을 가리킨다. 상품을 판매하는 상대를 기본으로 두고 있다고 하는 의미에서는 거래처별 판매계획을 보완하는 역할을 담당하고 있다고 할 수 있다. 그러나 한편으로 어떤 판매채널을 1명의 판매담당자가 관리하고 있는 경우 채널별 판매계획은 담당자별 판매계획을 더욱 세분화한 것으로 생각할 수도 있다. 어쨌든 채널별 판매계획은 기업의 손익구조를 개선하기 위한 보완적인 판매계획이라고 할 수 있다.

채널별 판매계획을 작성할 때의 주의점은 다음과 같다.

### ❶ 유통채널을 중점관리한다

ABC 분석 등에 의해 어느 채널이 중요한지를 파악한다.

### ❷ 직접판매비를 파악·검토한다

그 판매채널에 소요되는 물류비, 판매촉진비, 접대비, 출장비, 직접 인건비 등을 산출한다.

### ❸ 유통채널의 판매능력을 파악·검토한다

판매채널마다 판매점이나 대리점 수 등을 기재한다.

### ❹ 유통채널의 성장성을 검토한다

성장성의 확인도 필요하다. 이는 수치로는 나타내기 어려운 것이다. 3단계, 5단계 평가라고 하는 방법으로 기재하면 될 것이다.

### ❺ 거래조건을 검토한다

반품에 의한 이익률의 저하는 상당히 중요하며 손익구조를 검토하는 데 딱 필요한 체크항목이다. 이러한 상관습이 없는지 확인한다.

# 유통채널 검토표

(단위 :   )

| 채널 | 평점 | 매출액 | 매출총이익 | 직접판매비 | 거래조건 | 규모 | 수익성 | 성장성 | 구성비개선책 | 대응책 |
|------|------|--------|-----------|-----------|---------|------|--------|--------|-------------|--------|
| | ( ) | ( ) | ( ) | ( ) | | | | | | |
| | ( ) | | | | | | | | | |
| | ( ) | | | | | | | | | |
| | ( ) | ( ) | ( ) | ( ) | | | | | | |
| | ( ) | ( ) | ( ) | ( ) | | | | | | |
| | ( ) | ( ) | ( ) | ( ) | | | | | | |
| | ( ) | ( ) | ( ) | ( ) | | | | | | |
| | ( ) | ( ) | ( ) | ( ) | | | | | | |
| | ( ) | ( ) | ( ) | ( ) | | | | | | |
| | ( ) | ( ) | ( ) | ( ) | | | | | | |
| | ( ) | ( ) | ( ) | ( ) | | | | | | |
| | ( ) | ( ) | ( ) | ( ) | | | | | | |
| | ( ) | ( ) | ( ) | ( ) | | | | | | |
| | ( ) | ( ) | ( ) | ( ) | | | | | | |
| | ( ) | ( ) | ( ) | ( ) | | | | | | |
| | ( ) | ( ) | ( ) | ( ) | | | | | | |
| 합계 | (100) | (100) | (100) | (100) | | | | | 100% | |

리베이트, 물류비, 판촉비, 접대비, 직접인건비, 출장비 등

규모, 수익성, 성장성에 대해 3또는 5단계로 평가

164

# ◢◣ 유통채널을 평가한다

채널별 판매계획을 작성할 때에는 설명한 바와 같이 ABC 분석 등에 따라 중점관리하는 것이 포인트이다. 이 경우 기본적으로 거래처별 판매계획과 같이 매출액 매출총이익을 기준으로 분석한다. 그러나 과거 데이터에 근거한 ABC 분석뿐만 아니라, 앞으로 성장하는 채널, 쇠락하는 채널을 간파하는 것도 중요하다.

그런 유통채널의 성장성을 추측하기 위한 평가표를 작성해보자. 이는 매출액과 밀접하게 관련된 평가항목을 설정하고, 각각에 순위를 붙이는 것으로 유통채널의 성장성을 눈에 보이는 형태로 하고자 하는 것이다.

구체적으로는 다음과 같은 순서로 한다.

### ❶ 주된 유통채널을 선택한다

ABC 분석에 의해 선출된 주력채널을 중심으로 선택한다. 원래 판매 채널이 한정된 경우는 모든 채널을 사용한다.

### ❷ 매출액의 증감에 밀접한 관련이 있는 요소를 평가항목으로 한다

다음 표의 사례에서 평가항목을 크게 종합력, 판매력, 성장성, 동반 관계 partner ship, 재무상태 등을 평가한다. 이렇게 대분류를 하면 평가항목을 검토하기 쉽다.

### ❸ 평가항목의 순위

순위는 5단계로 평가하는 것이 좋다. 그 판정기준은 이제까지의 실적이나, 어느 정도 판매책임자의 경험에 의지하게 된다.

예를 들면 종합력에서는 일반적으로 유력상품의 유무나 경험자능력, 상품화(MD) 능력 등이 중요시되므로 중요도의 평점을 높게 표기한다. 또한, 판매력에서는 판매담당자의 인원이나 판매거점이 중요한 요소이다. 나아가 성장성에서는 매출액신장률, 동반관계에서는 인스토어쉐어(ISS)가 중요항목이다*. 또, 재무력을 평가항목으로 들고 있는 것은 자연스럽게 대금을 회수할 수 있는가도 평가대상으로서 생각하기 때문이다.

### ❹ 채널마다 평가한다.

'평점=각 평가항목의 중요도 × 평가' 라고 하는 계산식으로 수치화한다. 이렇게 하여 산출된 평점에 따라, 각 유통채널을 비교·검토할 수 있다. 유통채널을 평가하는 하나의 기준으로써 활용한다.

---

* 인스토어쉐어=고객의 총구매금액 중, 자사에서 구매하는 금액비율

# 유통채널 평가표

| 평가항목 | | 중요도 | A사 | | B사 | | C사 | | D사 | | E사 | |
|---|---|:---:|:---:|:---:|:---:|:---:|:---:|:---:|:---:|:---:|:---:|:---:|
| | | | 평가 | 평점 | 평가 | 평점 | 평가 | 평점 | 평가 | 평점 | 평가 | 평점 |
| 종합력 | 주력 상품력 | 5 | | | | | | | | | | |
| | 경영자 능력 | 5 | | | | | | | | | | |
| | MD능력 | 4 | | | | | | | | | | |
| | 신용도 | 3 | | | | | | | | | | |
| | 그룹력 | 3 | | | | | | | | | | |
| | (소계) | 20 | — | | — | | — | | — | | — | |
| 판매력 | 판매원 수 | 5 | | | | | | | | | | |
| | 거점수 | 5 | | | | | | | | | | |
| | 판매원의 능력 | 4 | | | | | | | | | | |
| | 영업 기획력 | 4 | | | | | | | | | | |
| | 가격 대응력 | 2 | | | | | | | | | | |
| | (소계) | 20 | — | | — | | — | | — | | — | |
| 성장성 | 매출액 신장률 | 4 | | | | | | | | | | |
| | 자사상품신장률 | 4 | | | | | | | | | | |
| | 거래처 성장도 | 4 | | | | | | | | | | |
| | 업태 점유율 | 2 | | | | | | | | | | |
| | 지역 점유율 | 1 | | | | | | | | | | |
| | (소계) | 15 | — | | — | | — | | — | | — | |
| 파트너십 | 인스토어쉐어 | 4 | | | | | | | | | | |
| | 공헌 이익률 | 3 | | | | | | | | | | |
| | 자사 상품 매출액 | 2 | | | | | | | | | | |
| | 할인율 | 1 | | | | | | | | | | |
| | (소계) | 10 | — | | — | | — | | — | | — | |
| 재무체질 | 재고능력 | 4 | | | | | | | | | | |
| | 회수실적 | 3 | | | | | | | | | | |
| | 자금조달력 | 2 | | | | | | | | | | |
| | 자기자본 | 1 | | | | | | | | | | |
| | (소계) | 10 | — | | — | | — | | — | | — | |
| 합계 | | 75 | — | | — | | — | | — | | — | |

## ▨ 채널별 판매계획표로 정리하자

채널별 판매계획도 다른 개별판매계획과 조합하여 다양한 형식 for
m으로 나타낼 수 있다. 여기서는 가장 간단한 형태의 표준모델을 소
개한다.

* **유통채널** : 수퍼마켓, 편의점, 양판점, 백화점, 전문점, 일반소매점,
  중간상인, 통신판매, 직접판매, 방문판매 등이 있다.

# 채널별 판매계획표

_____ 년도, 부서 : _____

| No. | 채널 | 점포수 | 매출액 | 구성비 | 전년대비 | 매출총이익금 | 구성비 | 매출총이익률 |
|-----|------|--------|--------|--------|----------|--------------|--------|--------------|
|     |      |        |        |        |          |              |        |              |
|     |      |        |        |        |          |              |        |              |
|     |      |        |        |        |          |              |        |              |
|     |      |        |        |        |          |              |        |              |
|     |      |        |        |        |          |              |        |              |
|     |      |        |        |        |          |              |        |              |
|     |      |        |        |        |          |              |        |              |
|     |      |        |        |        |          |              |        |              |
|     |      |        |        |        |          |              |        |              |
|     |      |        |        |        |          |              |        |              |
| 합계 |     |        |        | 100    |          |              | 100    |              |

# 07 ━━━ ━━

## 지역별 판매계획을 작성하자

최종소비자를 파악에 최적

### ◢ 지역별 판매계획의 이해

지역별 판매계획은 채널별 판매계획과 같이 거래처별 판매계획과 밀접한 관련이 있다. 왜냐하면, 지역을 상품을 파는 상대로서 받아들일 때 거래처별 판매계획의 일부로 생각할 수 있기 때문이다. 그럼 왜 지역별 판매계획을 작성할 필요가 있는 것일까?

그 이유는 최종소비자를 진성 고객으로 대상을 확실히 인식할 수 있기 때문이다. 거래처별 판매계획(채널별 판매계획을 포함)에서는 대상이 되는 거래처가 반드시 최종소비자가 되는 것은 아니다. 만일 거래처가 도매업자라면 상품이 팔리는 정도나 상태 또는 평판 등이 된다.

한편, 지역별 판매계획은 기본적으로 최종소비자를 고객으로 받아들인 판매계획이다. 즉, 표적으로 하는 시장에서 자사상품을 얼마만큼 팔 수 있는가를 정확히 파악하기 위해 지역별 판매계획을 작성하는 것이다.

## ◢ 지역별로 시장분석을 하자

지역별 시장규모나 성장성을 상세히 분석하는 데에는 다양한 기법이 있지만, 기본적으로는 지역구매력이 근거가 된다. 지역구매력은 표적시장에서 자사상품과 동종상품의 구매금액이다.

원칙적으로 인구×1인당 소비금액으로 나타낼 수 있다. 지역별 시장분석표에서 지역마다 자사판매력을 알 수 있게 되어 있다.


## ◢  지역별로 할당할 때의 포인트

지역별 판매계획을 작성할 때에는 각 지역에의 할당액을 정한다. 할당액의 산출에는 기본적으로 영업소별 할당액의 산정방법과 같다.

### ❶ 지역구매력

지역마다 구매력을 산정한다. 즉, 인구, 세대수, 소득 등 매출액과 밀접한 관련이 있는 지표를 선택하여 그것들에 중요도를 표시하여 계산한다.

이때 사용되는 지표가 많으면 많을수록 시장의 상태를 제대로 파악할 수 있다. 복수의 지표를 이용하는 경우는 그것들을 합한 수치가 그 지역의 구매력을 나타낸다.

# 지역별 시장분석표

| 지역 | ① 인구 | ② 1인당 소비액 | ③ 구매력 | ④ 자사 매출액 | ⑤ 시장 점유율 | ⑥ 점포수 | ⑦ 거래 점포수 | ⑧ 커버율 | ⑨ 시장 규모 | ⑩ 시장 성장성 | ⑪ 시장 장악도 | ⑫ 기타 |
|---|---|---|---|---|---|---|---|---|---|---|---|---|
|  |  |  |  |  |  |  |  |  |  |  |  |  |
|  |  |  |  |  |  |  |  |  |  |  |  |  |
|  |  |  |  |  |  |  |  |  |  |  |  |  |
|  |  |  |  |  |  |  |  |  |  |  |  |  |
|  |  |  |  |  |  |  |  |  |  |  |  |  |
|  |  |  |  |  |  |  |  |  |  |  |  |  |
|  |  |  |  |  |  |  |  |  |  |  |  |  |
|  |  |  |  |  |  |  |  |  |  |  |  |  |
|  |  |  |  |  |  |  |  |  |  |  |  |  |
|  |  |  |  |  |  |  |  |  |  |  |  |  |

주·야간 인구, 인구 유동률, 세대 수 등

시장규모, 시장성장력을 5단계로 평가

구매력 = 인구 ×1인당 소비량

지역별 시장분석을 할 때의 기본요소에 대해 기재.
→ 추이와 예측을 가능한 한 상세한 데이터로 분석한다.

## ❷ 시장의 장래성

시장은 항상 변화하는 것을 염두에 두고 시장동향에 변화를 주는 것을 파악하여 지역구매력을 좌우하는 관련지표로서 연결한다. 그리고 이것도 중요도를 붙여 계산한다. 목표매출액에 이 2가지 지표를 곱하는 것으로 지역별 할당액이 정해진다.

## ◤ 지역별 판매계획표로 정리하자

지역별 목표매출액이 정해지면 판매계획표로 작성한다. 정통적인 형태는 지역별월별 판매계획(월별지역별 판매계획)이다.

단, 지역별 판매계획은 중·장기적인 측면도 있으므로 연간계획으로서 정리해 두면 좋을 것이다. 또한, 지역별 시장규모·판매력을 파악하고 자사판매력과의 차이를 파악하여 그 개선책을 세운다.

# 지역별 판매계획표

(단위 : 원)

| 지역 | | 점포수 | 매출액 | 전년비 | 점유율 | 커버율 |
|---|---|---|---|---|---|---|
| | | | | | | |
| | | | | | | |
| | | | | | | |
| | | | | | | |
| | 소계 | | | | | |
| | | | | | | |
| | | | | | | |
| | | | | | | |
| | 소계 | | | | | |
| | | | | | | |
| | | | | | | |
| | | | | | | |
| | | | | | | |
| | 소계 | | | | | |
| | | | | | | |
| | | | | | | |
| | | | | | | |
| | | | | | | |
| | | | | | | |
| | 소계 | | | | | |
| | | | | | | |
| | | | | | | |
| | | | | | | |
| | | | | | | |
| | 소계 | | | | | |
| 합 계 | | | | | | |

> 커버율(coverage rate) =
> 자사상품 취급점수 ÷ 동종상품의 취급점 총수

> 지역을 담당자별로 세분한다.

174

# 지역별 판매전략 입안표

| 지역 | 전략<br>목표 | 경합<br>상품 | 중요<br>상품 | 판매<br>거점 | 중용<br>개척처 | 방문<br>빈도 | 판매<br>촉진책 | 비고 |
|---|---|---|---|---|---|---|---|---|
| | | | | | | | | |
| | | | | | | | | |
| | | | | | | | | |
| | | | | | | | | |
| | | | | | | | | |
| | | | | | | | | |
| | | | | | | | | |
| | | | | | | | | |
| | | | | | | | | |
| | | | | | | | | |
| | | | | | | | | |
| | | | | | | | | |
| | | | | | | | | |
| | | | | | | | | |
| | | | | | | | | |
| | | | | | | | | |
| | | | | | | | | |
| | | | | | | | | |

ABC분석에 의한 중점 관리

판매활동의 방침을 구체적으로 기재. 예를들면, 방문횟수의 20%증가, 판매촉진비의 10% 증가 등

점유율·커버율의 향상 등 구체적으로 기재

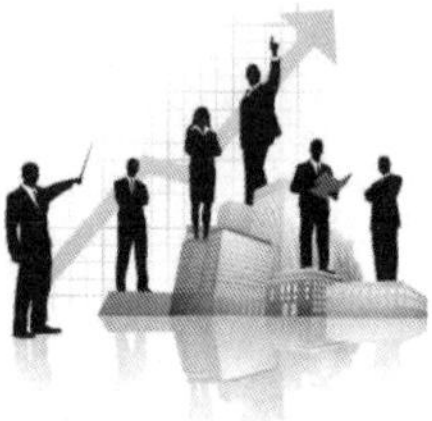

PART 5

목표를 실현하는
# 판매지원계획을 작성하자

- 판매지원을 계획하자
- 고객방문계획을 작성하자
- 판매촉진계획을 작성하자
- 비용계획을 작성하자
- 인원계획을 작성하자
- 매출채권 회수계획을 작성하자

# 01 ━━━━

## 판매지원을 계획하자

판매를 지원하는 실행계획

### ◆ 판매확대와 판매활동의 개선

PART 4에서 설명한 개별판매계획은 종합판매계획을 구체화하기 위한 것이고, 판매목표(목표매출액)를 달성하기 위하여 개별판매계획을 세운다. 판매계획을 제대로 실행시키기 위해 판매를 지원하는 계획이 필요하다. 판매지원은 판매계획을 실행으로 옮기기 위한 구체적인 방법에 대한 계획이다.

지원계획에는 2가지가 있다.

첫째는 판매목표를 달성하기 위한 판매확대를 염두에 둔 행동지침이다. 이는 판매 담당자 개인에 대한 계획이라고 할 수 있다.

둘째는 실제로 판매활동을 하는 영업소와 영업단위에 대한 시책이다. 예를 들면 판매원의 적절한 배치나 경비삭감 등을 검토하는 것이다. 그러기 위한 점검사항이나 개선책의 입안 등을 목적으로 한 계획을 세우는 것이다.

## ◪ 지원계획의 종류

지원계획이 구체적인 형태는 다음과 같이 정리하여 작성한다.

### ❶ 고객방문계획

담당자의 행동에 대한 계획이다. 개별판매계획에서는 무엇을 누구에게 언제 얼마나 판매하는가 하는 계획은 세워져 있지만, 어떻게 파는가 하는 구체적인 방법에 대해서는 언급하고 있지 않다. 그 부분을 구체화하는 계획이다.

### ❷ 판매촉진계획

고객방문계획과 같이 구체적인 행동계획이다. 확대 판매를 도모하기 위한 캠페인campaign 계획 등이 이에 해당한다.

### ❸ 비용계획

이익률 향상을 위해서는 경비의 절감도 중요한 과제이다. 불필요한 지출을 억제하는 것은 당연하다. 판매라인에서 판매촉진비용 등의 삭감이 필요하다.

### ❹ 인력계획

판매계획에서 요원 계획은 사무소, 영업소 단위로 행한다. 회사 전체 수준의 조직개편 등은 경영진에 의해 이루어지지만, 시시각각 변화하는 시장에 대응하기 위해 판매(영업)라인에서의 인력계획이 불가결하다.

### ❺ 매출채권 회수계획

판매활동의 마지막 단계는 대금의 회수 작업이다. 매출채권회수는 외상판매대금을 하루라도 빨리 회수하는 것을 목적으로 한 계획이다. 이는 회사의 자금계획과도 밀접한 관련이 있다. 매출액의 회수·관리는 판매담당자가 책임을 가지고 해야 한다.

이 외에도 상품의 구매나 재고의 상태를 점검하는 재고관리나 현금의 움직임을 파악하기 위한 자금조달계획, 나아가 판매활동의 성과를 크게 좌우하는 판매원 영업부원의 능력 등의 질적 향상을 목표로 하는 인재교육계획, 제조업은 생산계획 등이 있다.

이것들은 모두 회사의 경영자원(사람, 제품, 자금)을 활용하기 위한 계획이며 경영의 근간이 되는 것이다. 기업은 이처럼 판매활동을 중심으로 움직이고 있는 것을 알 수 있다.

다음은 이러한 다양한 지원계획 중 판매활동에 직결되는 상기 ❶~❺의 지원계획을 중심으로 알아보자.

# 02

## 고객방문계획을 작성하자

매출증가로 직결되는 담당자를 위한 행동지침

### ◤ 고객방문계획의 포인트

판매계획에서는 담당자의 목표매출액이 결정된다. 그 목표를 달성하기 위해 담당자는 다양한 행동을 취한다. 그중에서도 고객방문은 매출증가로 직결되는 중요한 업무이다. 고객방문계획에서는 방문활동의 일정계획을 세워 담당자의 행동 지침으로 한다.

작성하는 것은 담당자 자신이며 상사는 그것이 적절한가를 판단하고 필요에 따라 수정한다. 고객방문계획의 작성에서 다음의 포인트를 파악해 두어야 한다.

### ❶ 고객방문의 이해

고객방문에는 감사를 표하기 위한 방문부터 시작하여 상담방문, 사후관리, 수금, 불만처리까지 다양한 목적이 있다. 먼저, 이러한 방문목적이 있다는 것을 이해하는 것이 중요하다. 또한, 고객방문은 기존고객의 방문뿐만 아니라, 신규고객의 개척을 목적으로 한다.

## ❷ 고객방문의 검토

고객방문을 효과적으로 하기 위해서는 양과 질 양쪽에서 최적의 방법을 검토할 필요가 있다.

① 양적 계획

   1. 방문건수, 2. 방문횟수. 3. 방문시간

② 질적 계획

   1. 방문목적, 2. 상담내용, 3. 고객의 반응, 4. 담당자의 능력

이러한 검토항목은 다음과 같이 고객방문계획의 종류에 따라 변한다.

③ 월간계획

양적 사항을 중심으로 기재한다.

④ 주간계획

양적인 사항에 더하여 방문목표나 상담내용을 기호 등으로 간결하게 기재한다.

고객방문계획에는 다양한 형태를 생각할 수 있다. 그중에서 월 단위 계획이라도 상담내용 등에 대해 상세한 설정을 하는 사례도 있다. 각각의 기업실정에 맞추어 사용하기 쉬운 것이라면 어떠한 형태라도 상관없다. 다만, 고객방문계획에 어떠한 요소를 포함할 것인지 사전에 정리해 두는 것은 중요하다.

또한, 매일의 판매(영업)활동의 기록으로서 영업일보다 있다. 이는 계획이라고 하기보다 결과보고의 형태이지만, 고객방문계획의 재검토를 하는 데 있어서 귀중한 자료가 되기 때문에, 반드시 작성하도록 한다.


## ◢ 월별 고객방문계획표로 정리하자

고객방문계획은 먼저 월차계획부터 정리한다. 월간방문계획은 구체적인 행동에 대한 예정이라기보다, 판매(영업)활동에서 기준을 나타낸다고 하는 의미가 강하게 된다.

그 작성 순서는 다음과 같다.

### ❶ 기존고객에 순위를 정한다

담당자가 담당하는 거래처를 모두 기록하고, 중요도에 따라 A, B, C로 나눈다.

### ❷ 기존고객의 방문횟수 · 방문시간을 정한다

각각의 거래처마다 그 중요도에 따라 1개월당 방문예정회수와 방문시간을 정한다. 아울러 총시간(방문횟수 × 방문시간)을 산출한다.

### ❸ 신규고객의 방문횟수 · 방문시간을 정한다

신규개척을 위한 방침을 세우고 신규고객의 방문예정회수 · 방문시간을 정하여 총시간을 산출한다.

### ❹ 방문한 총시간을 검토하여 기준을 마련하다

A, B, C로 순위를 분류한 기존고객과 신규고객의 총시간을 비교하여 균형이 맞는지를 검토한다. 담당자 자신 평소의 판매(영업)활동으로부터 필요한 방문횟수나 방문시간은 어느 정도 예측할 수 있을 것이다. 또한, 방문예정 총시간과 실제로 고객방문에 소요된 시간의 조정을 하고, 고객방문계획의 기준으로 한다.

월별고객방문계획은 담당자와 그 관리자에 의해 조정된다. 그때의 포인트는 다음과 같다.

① 총시간이 적절한가?
② 고객의 중점관리방법에 오류는 없는가?
③ 담당자의 능력으로부터 보아 무리한 방문계획을 예정하고 있지 않은가?

## ◢ 주간 고객방문계획표로 정리하자

업종이나 업무 또는 판매체제에 따라 고객을 방문하는 방법이 달라진다. 따라서 일괄적으로는 말할 수 없지만, 일반적으로 주간 고객방문계획은 방문내용이나 일시 등 구체적인 내용을 파악할 수 있기 때문에 고객방문계획 중에서도 가장 중요한 것으로 생각해도 좋을 것이다.

① 모든 거래처를 열거한다.

② 예정과 실적을 알 수 있도록 각각의 기재란을 마련한다.

③ 기호 등으로 방문목적(내용)이 한눈에 알 수 있도록 한다.

④ 방문시간(면담시간)을 알 수 있도록 해 둔다.

⑤ 방문처의 순위를 기록한다.

주간 고객방문계획도 위와 같이 참고하여 사용하기 쉬운 표로 정리한다.

# 월별고객방문계획표

| 고객명 | 연간 합계 | | 1월 | | 2월 | | 3월 | | |
|---|---|---|---|---|---|---|---|---|---|
| | 총<br>횟수 | 총<br>시간 | 방문<br>횟수 | 방문<br>시간 | 방문<br>횟수 | 방문<br>시간 | 방문<br>횟수 | 방문<br>시간 | |
| A 그룹 | | | | | | | | | |
| | | | | | | | | | |
| | | | | | | | | | |
| | | | | | | | | | |
| | | | | | | | | | |
| B 그룹 | | | | | | | | | |
| | | | | | | | | | |
| | | | | | | | | | |
| | | | | | | | | | |
| | | | | | | | | | |
| | | | | | | | | | |
| C 그룹 | | | | | | | | | |
| | | | | | | | | | |
| | | | | | | | | | |
| 신규고객 | | | | | | | | | |
| | | | | | | | | | |
| | | | | | | | | | |
| | | | | | | | | | |
| | | | | | | | | | |

# 주간 행동계획표

| 거래처명 | | ○○점 | | | | | | | |
|---|---|---|---|---|---|---|---|---|---|
| 중요도 | | A | | | | | | | |
| 월 | 예정 | ◎홍길동 부장 | 10 : 00 ~ 11 : 00 | | | | | | |
| | 실적 | | | | | | | | |
| 화 | 예정 | | | | | | | | |
| | 실적 | | | | | | | | |
| 수 | 예정 | | | | | | | | |
| | 실적 | | | | | | | | |
| 목 | 예정 | | | | | | | | |
| | 실적 | | | | | | | | |
| 금 | 예정 | | | | | | | | |
| | 실적 | | | | | | | | |
| 토 | 예정 | | | | | | | | |
| | 실적 | | | | | | | | |

| 기호 | 상　담　◎ | 서비스　○ |
|---|---|---|
| | 불만 처리　× | 인　사　△ |

# 개인별 판매시트 월보

일자 ___ 년 ___ 월 ___ 일 날씨 _____ 거래처 _____ 성명 _____

| 일자 | 요일 | 목표 | 실적 | 기존고객 | | | 신규고객 | | | 합계 | | | 준비상품 | 접객 | 주력상품 | 매출 | 5가지테마 | | | | |
|---|---|---|---|---|---|---|---|---|---|---|---|---|---|---|---|---|---|---|---|---|---|
| | | | | 방문객 | 평점 | 금액 | 방문객 | 평점 | 금액 | 방문객 | 평점 | 금액 | | | | | 웃는얼굴 | 인사 | 큰목소리 | 답변 | 동작 |
| 1 | | | | | | | | | | | | | | | | | | | | | |
| 2 | | | | | | | | | | | | | | | | | | | | | |
| 3 | | | | | | | | | | | | | | | | | | | | | |
| 4 | | | | | | | | | | | | | | | | | | | | | |
| 5 | | | | | | | | | | | | | | | | | | | | | |

| 연간목표 | |
|---|---|
| 목 표 | |
| 실 적 | % |
| 달성률 | % |

| 신규고객 | | | |
|---|---|---|---|
| | 금액 | 고객수 | 평점 |
| 목표 | | | |
| 실적 | | | |

| 기존고객 | | | |
|---|---|---|---|
| | 금액 | 고객수 | 평점 |
| 목표 | | | |
| 실적 | | | |

| 합 계 | | | |
|---|---|---|---|
| | 금액 | 객수 | 평점 |
| 목표 | | | |
| 실적 | | | |

# ◼ 영업일보를 작성하자

영업일보는 판매담당자가 매일매일의 활동을 기록한 것이다. 판매부서의 관리자는 부하의 행동을 영업일보에 의해 파악하고 필요에 따라서 충고를 하거나, 질타 또는 격려하게 된다. 영업일보는 이러한 사원관리의 도구이자 판매전략을 세우기 위한 중요한 자료이기도 하다. 기존상품의 판매방법이나 신상품개발을 위한 아이디어가 영업일보로부터 나오기 때문이다. 즉, 영업일보는 판매계획을 달성하기 위한 중요한 지원도구이다.

## ❶ 영업일보를 작성하는 기본적인 사고방식

- **판매(영업) 담당자**의 부담을 가볍게 하도록 가능한 한 간소화한 양식으로 한다.
- **영업일보**는 결과보고가 목적이라는 것을 염두에 두고, 이후의 예정 등의 기재란은 마련하지 않는다.
- **방문처**에서 입수한 정보를 피드백 feedback 할 수 있도록 기재란을 마련해 둔다.

## ❷ 영업일보에 절대로 필요한 기재항목

- **방문처** : 회사명, 점포명, 면담자의 성명, 소속부서, 직급 등을 기록한다.
- **방문내용** : 방문목적이나 상담진척상황 등에 대해 구체적이고 간결하게 기재한다.
- **정보** : 상품이나 시장, 라이벌기업 등에 관한 정보를 입수하면, 구

체적으로 기재한다.

- **방문건수**·방문시간 등 : 방문횟수와 방문시간 등을 산출하면 고객방문에 의한 판촉 효과를 확인하기 쉽다.

영업일보는 그날 중에 작성하고, 부지런히 체크하는 것이 중요하다.

# 영업일보

일자 :  　년　 월　 일(　요일)　　　　　　　　(부서 :　　　작성자 :　　)

| 방문<br>순서 | 방문처<br>(면담자) | 방문시간 | 방문목적 | | | | | | 방문내용 | 특기사<br>항 |
|---|---|---|---|---|---|---|---|---|---|---|
| | | | 상담 | 인사 | 납품 | 수금 | 불만 | 기타 | | |
| | (　　) | ～ | | | | | | | | |
| | (　　) | ～ | | | | | | | | |
| | (　　) | ～ | | | | | | | | |
| | (　　) | ～ | | | | | | | | |
| | (　　) | ～ | | | | | | | | |
| | (　　) | ～ | | | | | | | | |
| | (　　) | ～ | | | | | | | | |
| | (　　) | ～ | | | | | | | | |
| | (　　) | ～ | | | | | | | | |
| | (　　) | ～ | | | | | | | | |
| 방문건수 | | 방문시간 | | 상담시간 | | | 수주실적 | | | |
| (정보) | | | | | | | | | | |

## ◤ 고객조사표를 작성하자

인사차 방문이든 상담이든 고객을 방문할 때에는 방문처에서 가능한 한 많은 정보를 수집하도록 마음가짐을 가졌으면 한다. 그러기 위해서는 사전에 고객조사표를 준비한다.

특히 수주를 받아 생산하는 기업 등은 고객의 수요를 신속하고 정확하게 파악하는 것이 '수주=판매'를 늘리는 열쇠가 된다. 고객조사표로부터 고객이 무엇을 기대하고 있는가를 알면, 효과적인 준비방법이 떠오를 것이다.

고객조사표는 다양한 양식으로 각각의 특징이 있다. 다음 표는 수주생산기업의 고객조사표이다. 이 고객조사표의 작성포인트 사례는 다음과 같다.

① **성능** : 제품의 성능에 대한 요망 … 내구성을 더욱 향상시켰으면 한다.

② **품질관리** : 제품의 품질에 대한 요망…불량품 비율은 적게

③ **가격** : 가격 설정에 대한 요망 … B사(경쟁회사)는 ○○○○원으로 ○○ 더 싸다.

④ **납기** : 발주에서 납품까지의 기간 등 … 추가 주문은 ○○년 ○월 ○일까지 납품해 주기 바람.

⑤ **제안력** : 기대되는 제안형 영업의 형태와 그 구체적인 내용 … 가격대별로 제안해주었으면 한다.

⑥ **전문지식** : 영업담당자의 상품지식이나 기술지식 … 조작방법뿐만 아니라, 사양에 대해서 알고 싶다.

⑦ **전시회** : 거래처가 행하고 있는 판촉활동의 내용 … 전시회를 매년 5월에 개최하고 있다.

⑧ **기업풍토** : 자사에 대한 인상 등 … 전화 응대가 좋지 않다.

# 고객조사표

| 거래처명 | | | | 면담자 | |
|---|---|---|---|---|---|
| 심사일 | | 년 월 일 | | | |
| 구매선정기준 | (1)<br>(2)<br>(3) | | | | |
| 구매액 | 제품A<br>제품B<br>제품C | | 커버률 | 제품A<br>제품B<br>제품C | |

| 조사 항목 | | 경합타사와의 비교 | 평가 | 구체적인 내용 |
|---|---|---|---|---|
| 기술력<br>·<br>생산력 | 1) 성능① | | | 내구성에 강한 불만 |
| | 2) 품질관리② | | | 양호 |
| | 3) 가격③ | B사보다 5% 정도 비쌈 | | |
| | 4) 납기④ | | | 추가 주문은○일까지 |
| | 5) | | | |
| 영업력 | 1) 제안력⑤ | | | 가격대별의 제안 희망 |
| | 2) 전문지식⑥ | | | 사양의 지식 부족 |
| | 3) | | | |
| | 4) | | | |
| 판촉책 | 1) 카탈로그 | | | |
| | 2) 전시회⑦ | | | 매년 5월에 개최 |
| | 3) CM | | | |
| | 4) | | | |
| ⑦<br>종합평가 | 1) 기업풍토⑧ | | | 전화응대가 어둡다 |
| | 2) | | | |
| | 3) | | | |
| | 4) | | | |
| 합계 | | | | 합계 |

## ◼ 고객방문의 효과를 분석하자

판매부문에서는 판매담당자의 영업일보에 따라 판매활동 모습이나 상담의 진척상황을 파악할 수 있지만, 그 성과를 판매목표와 대조하여 검토할 필요가 있다. 즉, 매일의 고객방문이 어떠한 형태로 매출실적으로 이어지고 있는가를 검증하는 것이다.

구체적으로는 먼저 판매활동과 실적과의 관련을 파악하기 위해 다음의 항목에 대해 구체적인 숫자로 산출한다. 집계 대상 기간은 1개월로 한다.

① **실제활동시간** … 이른 아침 출근, 잔업 등을 포함한 활동시간

② **방문시간** … 기존 고객에의 방문횟수, 방문시간, 총시간

③ **수주건수** … 담당자가 담당하는 거래처 모두의 수주 총 건수

④ **매출액** … 매출금액과 목표매출액에 대한 달성도

⑤ **매출총이익** … 매출총이익액과 매출총이익률

⑥ **신규개척** … 신규고객에의 방문횟수, 개척 고객 수(장래 고객이 될 것 같은 고객 수)

이들 수치를 이용하여 방문활동의 효율을 조사할 수 있다. 대표적인 지표로서 실행률, 방문율, 수주율 등이 있다. 이에 대해 알아보자.

## ☑실행률

월간 고객방문 계획에서 설정된 방문예정과 실제결과를 방문횟수와 방문시간으로 조사한다.

$$실행률 = \frac{실제\ 결과}{월간방문예정}$$

## ☑방문율

실제활동시간 중 어느 정도의 시간을 고객방문활동으로 사용했는지를 조사한다.

$$방문율 = \frac{방문시간}{활동시간}$$

## ☑수주율

거래처의 방문이 어느 정도 수주로 이어졌는지를 조사한다.

$$수주율 = \frac{수주건수(금액)}{방문건수}$$

이처럼 하여 산출된 비율은 과거 데이터나 다른 판매담당자와 비교·검토하여 판매방법의 개선으로 연결한다.

## ■ 상관관계 분석법으로 방문빈도의 효과를 검증하자

고객방문에 의한 판촉 효과는 상관분석법이라고 하는 기법을 이용하면 더욱 자세히 검증할 수 있다. 상관분석법이란 매출과 판매촉진대책의 인과관계가 어느 정도인지를 그래프나 계산식으로 도출하는 것이다. 분석의 순서는 다음과 같다.

### ❶ 그래프에 의한 경향분석

예를 들면 방문횟수와 매출액의 관계를 볼 때 그래프의 가로축에 방문횟수, 세로축에 매출액을 놓고 각각 과거의 방문횟수와 매출액을 비교한다. 그리고 그 2개를 잇는 것이 상향의 직선이라면 방문횟수와 매출액에는 완전한 상관관계(정비례의 관계)가 있다고 생각할 수 있다. 반대로 하향이라면 역의 상관관계이므로, 방문횟수를 늘릴 필요가 없다고 하는 것이 된다. 또한, 직선이 아닌 커브를 그리고 있어도 방향이 상향인 것은 상당히 강한 상관관계가 인정된다.

### ❷ 계산식에 의한 분석

더 정확한 상관관계를 조사하고자 하면 다음의 계산식을 이용한다.

$$R = \frac{\sum(X - \overline{X})(Y - \overline{Y})}{\sqrt{\sum(X - \overline{X})^2 \cdot \sum(Y - \overline{Y})^2}}$$

방문횟수와 매출액의 관계에서는 과거의 방문횟수를 X, 과거의 방문횟수를 Y로 한다(Σ는 합계, x는 X의 평균치, y는 Y의 평균치를 나타낸다). 만일 계산된 R의 수치가 +1에 가까우면 가까울수록 정의 상관 관계가 강하고, 반대로 −1에 가까울수록 부의 상관관계가 강하게 된다. 계산식이 조금 어렵고 생각되면, 아래 표와 계산 예를 보면 충분히 이해하기가 쉬울 것이다.

---

☑ **계산예**

$$R = \frac{5405}{\sqrt{2460 \times 11660}} = \frac{5405}{5548} = 0.974$$

이 수치는 +1에 가까워서 방문횟수와 매출액 사이에는 정의 상관관계가 있다고 인정된다.

이 분석 방법에서 X에 다양한 항목을 입력하는 것으로 매출액과 연동하고 있는 요소를 알 수 있다.

---

예를 들면 방문횟수를 방문시간, 방문시간, 상담시간 등으로 바꿔 보아도 좋을 것이다. 또한, 같은 요소라도 지역별이나 시간별로 분석하면 매출액과 상관관계가 높은 지역이나 시기를 알 수 있다.

# 매출상관관계 예측표

| 담당자 | X<br>방문<br>회수 | Y<br>매출 | $X - \overline{X}$ | $Y - \overline{Y}$ | $(X - \overline{X})^2$ | $(Y - \overline{Y})^2$ | $(X - \overline{X}) \times (Y - \overline{Y})$ |
|---|---|---|---|---|---|---|---|
| A | 50 | 120 | 14 | 33 | 196 | 1089 | 462 |
| B | 45 | 110 | 9 | 23 | 81 | 529 | 207 |
| C | 30 | 90 | −6 | 3 | 36 | 9 | −18 |
| D | 55 | 120 | 19 | 33 | 361 | 1089 | 627 |
| E | 60 | 130 | 24 | 43 | 576 | 1849 | 1032 |
| F | 35 | 80 | −1 | −7 | 1 | 49 | 7 |
| G | 40 | 95 | 4 | 8 | 16 | 64 | 32 |
| H | 20 | 60 | −16 | −27 | 256 | 729 | 432 |
| I | 15 | 45 | −21 | −42 | 441 | 1764 | 882 |
| J | 10 | 20 | −26 | −67 | 676 | 4489 | 1742 |
| 합계<br>(∑) | 360 | 87 | 0 | 0 | 2640 | 11650 | 5405 |
| 평균<br>(−) | 36 | 87 | | | | | |

## ◢◣ 고객방문계획을 재검토하자

이제까지의 실적이나 상관관계분석법 등에 의해 고객방문의 판촉 효과가 파악되면 필요에 따라 고객방문계획을 수정한다.

수정할 때의 체크포인트는 다음과 같다.

### ❶ 취업시간과 외출시간의 비율

종종 영업사원은 발로 번다는 것이 기본이라고 말한다. 책상 앞에 있는 시간을 가능한 단축하도록 한다. 그러기 위해서는 사무처리시스템의 효율화나 회의의 정례화 등을 검토하여야 한다.

### ❷ 외출시간과 방문시간의 비율

영업일보 등을 상세히 검토해보면 방문시간은 뜻밖에 적다는 것을 알 수 있다. 외출시간이 많다(=책상 앞에 있는 시간이 적다)고 생각해도 외출시간에는 식사시간이나 이동시간이 포함되기 때문에 하루에 기껏해야 2~3시간 정도가 아닐까 한다. 충분한 방문시간을 확보하기 위해서는 이동을 위한 교통수단을 재검토하거나 교통체증에 걸리지 않는 시간대를 선택하는 대책을 세운다.

### ❸ 방문시간과 면담시간의 비율

기껏 방문해도 상대가 자리에 없어 헛걸음하게 되는 경우가 있다. 귀중한 방문시간을 유효하게 사용하기 위해서는 원칙적으로 약속을 잡도록 한다. 또한, 고객의 순회방문 등에서 약속이 잡히지 않는 경우는 사전에 고객의 예정을 확인하는 습관을 몸에 익힌다.

### ❹ 면담시간과 상담시간의 비율

면담시간과 상담시간의 차이는 비즈니스와는 직접 관계없는 세상 이야기를 하는 시간이다. 이 시간은 일견 무의미한 것 같지만, 고객과의 신뢰 관계를 쌓기 위해서는 어느 정도 필요한 시간이다. 또한, 고객으로부터 얻은 정보를 회사에 피드백하기 위해서도 빠트릴 수 없다. 따라서 면담시간과 상담시간의 차이에 대해서는 너무 신경질적으로 생각할 필요는 없을 것이다.

다만, 이 차이가 지나치게 클 때에는 고객방문활동의 효율을 저하하게 되기 때문에 그 내용에 대해 요구 또는 설명한다.

### ❺ 방문횟수

담당자가 담당하는 거래처 수와 대조하여 방문횟수가 지나치게 적은 경우가 있다. 이러면 유력 거래처만을 방문대상으로 하고 있거나 신규 고객의 개척에 소홀하거나 하는 것으로 생각한다. 고객방문계획을 다시 검토하여 효율적인 판매활동이 가능하도록 한다.

### ❻ 방문횟수의 치우침

방문하는 거래처마다 방문횟수의 치우침이 없는지를 검사하는 것이 중요하다. 거래처의 중요도에 따라 방문횟수에 변화를 주는 것은 필요하다. 담당자 자신이 방문하기 쉬운 고객만 방문하고 있으면 단지 게으름을 피우고 있을 뿐이므로 주의해야 해야 한다.

## ❼ 방문주기

고객방문을 수주로 연결하기 위해서는 거래처의 방문주기도 중요한 요소이다. 방문주기의 간격이 지나치게 넓은 것 같은 경우에는 다시 한 번 월간고객방문계획을 확인할 필요가 있다.

## ❽ 무의미한 방문

전화로 끝낼 용건이라도 일부러 방문하는 때도 있다. 또한, 방문목적이 수금이었을 경우에도 수금하는 것뿐만 아니라 다음의 상담에 대한 협의 등을 하도록 한다.

# 03

## 판매촉진계획을 작성하자

판촉 효과를 위한 구체적 계획

### 판매촉진계획의 종류

판매촉진계획은 판매의 일환으로서 판매부문이 중심이 되어 작성한다. 판매촉진계획은 취급상품이나 사업내용에 따라 크게 다르다. 크게 3개로 분류할 수 있다.

#### ❶ 사내용 판매촉진계획

자사의 판매담당자를 대상으로 한 것으로 판촉도구의 작성, 사내경연 등이 있다.

#### ❷ 채널용 판매촉진계획

유통채널을 대상으로 한 것으로 가장 대표적인 것이 리베이트이다.

그 외에는 판매점을 대상으로 한 파티의 초대, 자사판매원의 파견, POP광고* 등이 있다.

---

\* POP(Point Of Purchase)광고은 소비자가 상품을 구입하는 최종지점에서의 광고이다. 상품의 실물대, 모형 · 포스터 · 간판 등 소매상에 있는 광고물 일체를 말한다.

# 연간판매촉진계획표

| NO. | 책임자 | 타이틀 | 캠페인 내용 | | | | | | 타임 스케줄 | | | | | | | | | | | | 예산 | 판촉목표 | |
|---|---|---|---|---|---|---|---|---|---|---|---|---|---|---|---|---|---|---|---|---|---|---|---|
| | | | 상품 | 지역 | 채널 | 경품등 | 광고PR | 기간 | 4월 | 5월 | 6월 | 7월 | 8월 | 9월 | 10월 | 11월 | 12월 | 1월 | 2월 | 3월 | | 수치 | 기타 |
| 1 | | | | | | | | | | | | | | | | | | | | | | ( ) | |
| 2 | | | | | | | | | | | | | | | | | | | | | | | |
| 3 | | | | | | | | | | | | | | | | | | | | | | ( ) | |
| 4 | | | | | | | | | | | | | | | | | | | | | | ( ) | |
| 5 | | | | | | | | | | | | | | | | | | | | | | ( ) | |
| 6 | | | | | | | | | | | | | | | | | | | | | | ( ) | |
| 7 | | | | | | | | | | | | | | | | | | | | | | ( ) | |
| 8 | | | | | | | | | | | | | | | | | | | | | | ( ) | |
| 9 | | | | | | | | | | | | | | | | | | | | | | ( ) | |
| 10 | | | | | | | | | | | | | | | | | | | | | | ( ) | |

> 대상으로 하는 상품, 지역, 채널의 명칭을 기재

> 이벤트횟수, 특매, 목표매출액 등, 기업이미지 향상이라고 하는 목적에 대해서도 기재

> 준비단계부터 완료까지의 작업 순서를 각 캠페인·이벤트별로 기재

## ❸ 최종소비자용 판매촉진계획

최종소비자에게 직접 작용하는 것으로 DM(Direct Mail), 전단지 광고, 경품(프리미엄)판매, 전시회 등이 있다.


## ◢ 할인판매 · 보상판매의 판촉 효과를 예측하자

말할 필요도 없이 판매촉진계획을 작성할 때에는 가능한 한 판매확대로 이어질 만한 효과적인 방법을 취하여야 한다. 그래서 대표적인 판매촉진책에 대해 그 판매 효과를 예상하는 방법에 대해 알아보자. 할인판매나 보상판매는 예전부터 행해져 온 판촉방법으로 크던 작던 매출액의 증가를 촉진한다.

판매담당자에 있어서 무시할 수 없는 판매기술이다. 매출액이 늘지 않으면 매출총이익이 급락하기 때문에 주의하여야 한다. 할인판매에는 10만원에 해당하는 물품을 사면 9만원으로 할인하는 패턴과 10만원으로 11만원에 해당하는 상품을 판매하는 패턴이 있다.

또한, 보상판매 중 대체로 구매액에 따라 현금으로 지급하던가 구매대금과 상쇄하게 된다. 할인판매나 보상판매는 같은 1% 할인이라도 출하수량, 매출수량에 따라 매출총이익은 크게 달라진다. 구체적으로는 다음 표를 사용하여 매출총이익을 측정한다.

•**상품단가** : 1000원,  매출총이익률 50%

•**할 인 율** : 0%,  5%,  10%,  15%,  20%

할인에 의한 판촉 효과의 측정은 과거실적을 근거로 행한다. 즉, 과거에 할인판매했을 때 어느 정도의 효과가 있었는가를 기록하여 거기에서 순매출금액과 매출총이익을 계산하는 것이다. 이 사례에서는 매출수량이나 순매출금액이 가장 많아진 것은 할인율 20%의 경우이다.

매출총이익으로 보면 할인판매의 경우가 가장 높고 다음으로 5%, 15%, 20%, 10% 순이다.

따라서 무턱대고 할인판매하는 것은 이득이 되는 정책이라 할 수 없고 만일 할인판매를 한다 해도 할인율의 설정은 신중하게 해야 하는 것을 알 수 있다.

# 할인 효과 예측표

|  | 할인율(%) | ①매출 수량(개) | ②순매출금액(원) | ③매출총이익(원) |
|---|---|---|---|---|
|  | 0 | 100 | 10,000 | 5,000 |
| 실적 | 5 | 105 | 9,975 | 4,725 |
| 실적 | 10 | 110 | 9,900 | 4,400 |
| 실적 | 15 | 130 | 11,050 | 4,550 |
| 실적 | 20 | 150 | 12,000 | 4,500 |
| 계획 |  |  |  |  |

**참조**

② = 단가 × (1−할인율) × ①

③ = 단가 × (매출총이익률−할인율) × ①

# ◤ DM · 전단지의 판촉 효과를 예측하자

DM이나 전단지의 판촉 효과는 기본적으로 응답률로 가늠한다.

판촉용 전단지나 DM은 최종적으로 매출증가를 노리고 있지만, 그 목적과 종류는 다양하다.

① **상품·기업의 선전** ··· 상품이나 기업의 PR을 주된 목적으로 하고 고객방문을 자연스럽게 기대할 수 있으나, 판매예측은 곤란하다.

② **잠재고객의 발굴** ··· 자료나 샘플 등의 청구를 통하여, 잠재 고객을 발견하고자 하는 것으로 청구응답률(거래건수÷배포 부수)과 수주확률(수주로 이어진 건수÷거래건수)이 분석 데이터로서 유효하다.

③ **이벤트 등의 고지** ··· 이벤트 회장에 와 줄 것을 주된 목적으로 한다.

④ **앙케트 형식** ··· 조사와 판촉이라고 하는 2가지 목적을 가지며, 고객명부의 작성 등에도 활용된다.

⑤ **직접적인 수주** ··· 통신판매 등 판매를 목적으로 한 것으로, 응답률(구매건수÷배포 부수)이 그대로 판매예측에 연결된다.

**☑ 측정예**

DM이나 전단지를 배포한 때의 효과는 다음의 계산식으로 검토한다.

- **거래자 수** = DM · 전단지의 발송 부수 × 청구응답률

- **구입자 수** = DM · 전단지의 발송 부수 × 구매응답률

- **판매금액** = 구매자 수 × 평균단가

다음 표를 예로 들면, 만일 명부 A를 근거로 2만장의 DM을 발송하면 1만장 × 3.5% = 350명의 거래자 수, 1만장 × 1.7% = 170명의 구입자가 있다고 기대할 수 있다.

그리고 그때의 매출액은 170명 × 4,700원 = 79만9000원 정도가 예상된다. 또한, 간접응답률이란 자료나 샘플 청구 후에 구매한 사례, 직접응답률이란 처음부터 구매를 신청한 사례다.

# DM · 전단지 효과 검토표

| | 대상 | 발송<br>롯트 수 | 청구<br>응답률 | 구입 응답률 | | | 평균<br>고객<br>단가 |
| --- | --- | --- | --- | --- | --- | --- | --- |
| | | | | 간접응답률 | 직접응답률 | 합계 | |
| DM | 구입객<br>명부 | 1,000 | | | | 8.4% | 8.4% | 55,000 |
| | | | | | % | % | |
| | | | | | % | % | |
| | 명부A | 2,000 | 7.0% | 3.5% | 3.7% | 7.2% | 55,500 |
| | | | % | % | % | % | |
| | | | % | % | % | % | |
| | 명부B | | % | % | % | % | |
| | | | % | % | % | % | |
| | | | % | % | % | % | |
| 전<br>단<br>지 | A지구 | 5,000 | 3.5% | 0.8% | 0.9% | 1.7% | 47,000 |
| | | | % | % | % | % | |
| | | | % | % | % | % | |
| | B지구 | | % | % | % | % | |
| | | | % | % | % | % | |
| | | | % | % | % | % | |
| | C지구 | | % | % | % | % | |
| | | | % | % | % | % | |
| | | | % | % | % | % | |

## ◢ 경품부착판매의 판촉 효과를 예측하자

경품부착판매는 판촉 효과를 좌우하는 요인이 많아서 그 예상은 어렵게 된다. 경품부착판매의 성패를 나누는 요인으로서 다음과 같은 것이 있다.

① **시기** … 상품의 할인판매시즌이 지나면 효과는 기대할 수 없다. 또, 경쟁사와 겹치면 일반적으로는 효과가 떨어진다.

② **대상지역** … 지역에 따라 시장점유율이 다르므로 특별판매의 효과에도 차이가 발생한다.

③ **경품내용** … 계절이나 지역, 경기 등에 따라 인기상품이 변하며 판촉 효과에도 차이가 발생한다.

④ **홍보방법** … 알리는 선전방법에 따라 크게 다르다. 특히 경품부착판매는 입소문 효과의 영향이 크다.

### ☑ 측정예

다음 표는 경품부착판매의 판촉 효과를 측정하기 위한 것이다. 이 사례에서는 과거 10회분의 데이터를 보아 각각의 경품 내용과 매출 수량을 기재하게 되어 있다. 그 후에 다양한 카테고리로 나누어 효과를 측정한다.

예를 들어, 시기로 구분하면 4월의 매출수량의 평균치는 (40+60)÷2=50(구분별 판매 평균수)가 된다. 게다가 판매 효과를 측정하기 위한 지수를 다음의 계산식으로 산출한다.

구분별 매출 효과지수 = 구분별 매출 평균 수 ÷ 매출수량 총평균치

예를 들면 경품이 잡화인 경우의 매출 효과지수는 50÷52=0.96이 된다. 이 값은 평균치를 밑돌고 있어 잡화가 경품으로서 그다지 적합하지 않다는 것을 시사한다.

# 경품부착 판매 효과 산정표

| | | 시기 | 대상지구 | 경품 | PR | 매출수량 |
|---|---|---|---|---|---|---|
| 실적 | 1 | 4월 | A | 잡화 | 중 | 40 |
| | 2 | 4월 | A | 문구 | 중 | 60 |
| | 3 | 5월 | A | 문구 | 중 | 70 |
| | 4 | 6월 | B | 잡화 | 대 | 50 |
| | 5 | 7월 | C | 자질구레한 도구 | 대 | 40 |
| | 6 | 7월 | A | 문구 | 소 | 20 |
| | 7 | 8월 | C | 식품 | 중 | 50 |
| | 8 | 9월 | B | 잡화 | 대 | 60 |
| | 9 | 10월 | B | 식품 | 대 | 60 |
| | 10 | 12월 | B | 자질구레한 도구 | 중 | 70 |
| 평균 | | 시기 | 대상지구 | 경품 | PR | 평균＝52 |
| | | 4월 50 | A 56.7 | 잡화 50 | 대 52.5 | |
| | | 5월 60 | B 60 | 문구 50 | 중 58 | |
| | | 6월 50 | C 36.7 | 자질구레한 도구 55 | 소 20 | |
| | | 7월 30 | − | 식품 55 | − | |
| 지수 | | 4월 0.96 | A 1.09 | 잡화 0.96 | 대 1.01 | |
| | | 5월 1.15 | B 1.15 | 문구 0.96 | 중 1.12 | |
| | | 6월 0.96 | C 0.71 | 자질구레한 도구 1.06 | 소 0.38 | |
| | | 7월 0.58 | | 식품 1.06 | | |

## ◢◣ 이벤트의 판촉 효과를 예측하자

이벤트의 판촉 효과를 알기 위해서는, 먼저 가능한 동원 인원수를 예측하여야 한다.

동원인원수 = 고지 수 × 동원율

이 계산식에 있어서 고지 수란 고지 또는 알리기 위한 DM의 배포 부수 등을 말한다. 동원율에 대해서는 과거의 데이터로부터 예측치를 산출한다. 그리고 동원인원수의 예측을 근거로 다음 계산식을 사용하여 매출 예측을 한다.

동원인원수 × 구입율 × 1명당 매출액 = 매출액

여기서 말하는 구입율(판매로 이어진 인원수÷동원인원수)과 1명당 매출액은 이벤트의 종류나 고객층이 같은 경우에는 과거의 데이터로부터 평균치를 산출하면 될 것이다.

☑ 측정예

다음 표는 개최 일시를 예측하여 어느 시기나 시간대의 이벤트가 효과적인가를 예측하기 위한 것이다. 측정방법은 다음의 계산식을 근거로 행한다.

> 동원지수 = 구분마다 평균동원율 ÷ 평균동원율

예를 들면 월 초순에 행하여지는 이벤트를 검토하면 동원지수는 1.07이다. 또, 월요일·낮에는 1.10이다. 따라서 이 경우의 동원율은 15(평균동원율)×1.07×1.10=17.7%가 된다. 만일 2만장의 고지용 전단지를 돌렸다고 하면, 20000×17.7%=3,540명이 되는 계산이다.

# 이벤트 동원율 산정표

| No. | 초순 | 중순 | 하순 | 월 | 화 | 수 | 목 | 금 | 토 | 일 | 낮 | 밤 | 고지수(장) | 동원율(%) | 동원수(명) |
|---|---|---|---|---|---|---|---|---|---|---|---|---|---|---|---|
| 1 | ○ |  |  | ○ |  |  |  |  |  |  | ○ |  | 20,000 | 4,000 | 20 |
| 2 | ○ |  |  |  | ○ |  |  |  |  |  |  | ○ | 20,000 | 3,000 | 15 |
| 3 |  | ○ |  | ○ |  |  |  |  |  |  |  | ○ | 20,000 | 3,000 | 15 |
| 4 |  | ○ |  |  | ○ |  |  |  |  |  | ○ |  | 10,000 | 2,000 | 20 |
| 5 | ○ |  |  | ○ |  |  |  |  |  |  | ○ |  | 15,000 | 2,000 | 13 |
| 6 |  | ○ |  |  |  |  |  |  | ○ |  |  | ○ | 10,000 | 1,500 | 15 |
| 7 |  |  | ○ |  |  |  | ○ |  |  |  |  | ○ | 20,000 | 3,000 | 15 |
| 8 |  | ○ |  |  | ○ |  |  |  |  |  | ○ |  | 10,000 | 1,000 | 10 |
| 9 |  |  | ○ |  |  |  |  |  |  | ○ | ○ |  | 20,000 | 3,000 | 15 |
| 10 |  |  | ○ |  |  |  |  |  | ○ |  | ○ |  | 10,000 | 1,500 | 15 |

| 시기 | 평균 | 지수 | 요일 | 평균 | 지수 | 요일 | 평균 | 지수 | 고지수합계 | 155,000 |
|---|---|---|---|---|---|---|---|---|---|---|
| 초순 | 16 | 1.07 | 월·낮 | 16.5 | 1.10 | 금·낮 |  |  | 평균동원율 | 24,000 |
| 중순 |  |  | 월·밤 |  |  | 금·밤 |  |  | 동원수합계 | 15 |
| 하순 |  |  | 화~목낮 |  |  | 토·낮 |  |  | ※소수점 이하 2자리를 반올림 | |
|  |  |  | 화~목밤 |  |  | 토·밤 |  |  | | |
|  |  |  |  |  |  | 일·낮 |  |  | | |

# 04

## 비용계획을 작성하자

판매경비를 중심으로 검토

### ◢ 비용계획의 대상 항목

판매부문에서 비용계획은 인건비, 판매(영업)경비, 지점비용 등을 대상으로서 들 수 있다. 각각의 비용내용은 다음과 같다.

① **인건비** … 판매담당자는 물론 판매활동을 보조하는 사무담당자 등의 인건비도 포함된다.

② **판매(영업)경비** … 판매촉진비, 광고선전비, 판매보상 등

③ **판매거점의 유지비용** … 지점의 유지에 드는 임차료, 수도광열 비, 통신비, 차량비, 사무용품비 등

이러한 비용을 가능한 절약하여 이익률을 향상하는 것이 판매부문에 있어서 비용계획의 목적이다.

## ■ 관리 가능한 비용과 불가능한 비용

판매활동에 드는 비용에는 상기 비용 외에도 상품원가 물류비 본사 스텝비용 등이 있다. 그러나 이들 비용은 판매부문만으로는 관리할 수 없다. 예를 들면 상품원가는 생산・구매 부문과 조정이 필요하다. 또한, 물류비나 본사스텝비용은 물류를 담당하는 부문이나 본사스텝이 관리해야 하는 비용이라고 할 수 있다. 따라서 판매부문에서 관리 가능한 비용은 판매경비(변동비・고정비)나 인건비・지점비용(고정비) 등이다.

그러나 실제로는 판매부문에 의해 관리할 수 있는 비용이 모두 삭감 가능한 것은 아니다. 일반적으로 인건비 등은 기업 전체의 방침에 따라 일정 규칙이 정해져 있다. 판매담당자 각각의 임금을 부서책임자의 혼자만의 생각으로 올리거나 내리거나 할 수 없다. 판매거점의 총 인건비는 요원계획에 의해 조정된다. 또한, 판매거점의 유지비용은 비용절감을 도모하고자 해도 실제로는 쉬운 일이 아니다. 그래서 판매부문으로서는 판매촉진비 등 판매경비를 중심으로 검토하게 된다.

# 판매경비 예산표

| 경비항목 | | 예산액 | 매출대비 구성비 (%) | 매출대비 총이익 구성비 (%) | 전년대비 | | 예산방침 |
|---|---|---|---|---|---|---|---|
| | | | | | 금액 | 매출액 | |
| 변동비 | 매출리베이트 | | | | | | |
| | 판매수수료 | | | | | | |
| | 판매촉진비 | | | | | | |
| | 물류비 | | | | | | |
| | 변동비 합계 | | | | | | |
| 고정비 | 접대비 | | | | | | |
| | 출장여비 | | | | | | |
| | 회의비 | | | | | | |
| | 영업차량비 | | | | | | |
| | 통신비 | | | | | | |
| | 수도 광열비 | | | | | | |
| | 소모품비 | | | | | | |
| | 연수비 | | | | | | |
| | 각종 회비 | | | | | | |
| | 영업부직원급여 | | | | | | |
| | 전산기 임차료 | | | | | | |
| | 기타 고정비 | | | | | | |
| | 고정비 합계 | | | | | | |
| 합 계 | | | | | | | |

각 항목에 대해, 증감하는 이유를 명확히 한 후, 이후의 전망 등에 대해서 기재한다.

# ◢ 판매촉진비를 줄이기 위한 포인트

판매촉진비 등은 일반적으로 고정비로서 취급되고 있으며, 전년의 실적에 따라 예산을 편성한다. 그러나 판매촉진비나 광고선전비, 리베이트 등은 그 목적과 효과를 검증하여 적정한 자금배분을 해야 한다.

그러기 위한 지침으로서는 다음과 같은 것이 있다.

## ❶ 고정비를 변동비로 한다

고정비로서 계상하고 있는 경비는 자칫하면 그 예산을 다 써버리는 것이 목적이 되어 버린다. 그래서, 판매촉진비 등 판매부문에서 관리 가능한 고정비는 변동비로 한다.

## ❷ 고객별로 판매비용을 검토한다

판매비용을 고객별로 관리하는 것도 경비 삭감을 생각할 때의 포인트이다. 고객별로 매출액이나 매출총이익을 파악할 뿐만 아니라, 비용에 대해서도 고객마다 산출한다. 광고선전비는 어느 고객이 매출에 이바지했는가가 알기 어렵다. 판매리베이트 등은 대상으로 하는 고객을 특정할 수 있다. 고객에 대한 ABC 분석으로 중요도와 대조하여 판매비용의 재검토를 한다.

# 판매경비 삭감 검토서

| 부서 | 경비<br>항목 | 초과<br>금액 | 초과<br>비율 | 초과<br>이유 | 이후<br>전망 | 대응책 | 항목별<br>수정계획액 | | 합계수정액 |
|---|---|---|---|---|---|---|---|---|---|
| | | | | | | | 증 | | |
| | | | | | | | 감 | | |
| | | | | | | | 증 | | |
| | | | | | | | 감 | | |
| | | | | | | | 증 | | |
| | | | | | | | 감 | | |
| | | | | | | | 증 | | |
| | | | | | | | 감 | | |
| | | | | | | | 증 | | |
| | | | | | | | 감 | | |
| | | | | | | | 증 | | |
| | | | | | | | 증 | | |
| | | | | | | | 감 | | |
| | | | | | | | 증 | | |
| | | | | | | | 감 | | |
| | | | | | | | 증 | | |
| | | | | | | | 감 | | |
| 합계 | | | | | | | 증 | | |
| | | | | | | | 감 | | |

초과금액, 초과비율은 판매금액 대비 초과분을 본다.

부서별 판매경비합계액의 수정액을 기재 (마이너스의 경우 ▲표시)

222

# 05

## 인원계획을 작성하자

기본적으로 매출총이익과 맞추어 결정

## ■ 인원계획 작성의 사고방식

판매계획을 측면 지원하는 필요한 인원계획이란 판매목표를 달성하는 데 필요한 인원을 확보하기 위해 작성하는 것이다. 판매부문은 눈이 돌아갈 정도의 환경변화에 맞추어 인원 배치를 변경하여야 한다. 예를 들면 급격히 매출이 늘고 있는 유통채널이나 상품이 있으면 그것을 담당하는 인원을 늘리는 것을 필요로 한다.

반대로 매출이 떨어지고 있는 채널이나 상품이 있다면 그 원인을 조사하여 인원의 증강, 혹은 축소를 검토하여야 한다. 판매담당자의 배치는 다음과 같이 한다.

### ❶ 상품별로 담당자를 정한다

판매활동에서 특히 취급상품에 대해 전문지식이 필요한 경우에 유효한 방법이다.

### ❷ 거래처별로 담당자를 정한다

거래처마다 수·발주방법이 다른 경우에 유효하다.

㉑ 슈퍼담당, 도매상담당, 통신판매담당 등

### ❸ 지역별로 담당자를 정한다

판매담당자의 고객방문활동을 효율적으로 하기 위한 방법이다.

㉑ 수도권담당, 기타관동지구 담당 등

이러한 인원배치의 기본적인 사고방식을 이해한 후 ①~③을 잘 조합시키는 것이 중요하다.

## ◢◣ 필요한 인원의 산정방법

인원배치의 방향성이 정해지면 필요한 인원수를 산정하지 않으면 안된다. 그 순서는 다음과 같다.

### ❶ 판매활동량을 산출한다

각 판매부문마다 필요한 판매활동의 양을 다음의 계산식으로부터 산출한다. 판매활동의 중심인 고객방문활동으로부터 그 부문에서 필요한 판매활동량을 산출한다.

> 필요판매활동량 = 방문고객 수 × 평균방문횟수 × 평균고객 방문시간

예를 들면 10곳의 거래처가 있고, 각각 방문횟수는 다르지만 평균하면 월 3회의 방문이 필요하다. 그리고 방문시간이 평균 2시간이라고 하면 1개월당 필요판매활동량은 10(곳) × 3(회) × 2(시간) = 60시간이 된다.

## ❷ 1인당 판매활동자원을 산출한다

1인의 판매담당자가 고객방문에 들이는 시간을 과거의 실적과 비교하면서 다음의 계산식으로 산출한다.

> 1인당 판매활동자원 = 방문일수 × 1회 방문시간

예를 들면 판매담당자 1인당 고객방문일수가 1개월 평균 10회이고, 1회의 방문에 드는 방문시간이 2시간이라고 하면, 1개월간의 1인당 판매활동자원은 10(회) × 2(시간) = 20시간이다.

## ③ 필요한 인원수를 산출한다.

그 부문에서 필요한 판매활동량과 1인의 판매담당자가 염출 가능한 판매활동자원으로부터 필요한 인원수를 산출한다.

$$\text{부서에 필요한 인원수} = \frac{\text{부서에서 필요한 판매활동량}}{\text{1인당 판매활동자원}}$$

상기 예에서 보면 필요한 인원수는 60(시간) ÷ 20(시간) = 3(인)이다. 이렇게 산출된 필요인원은 요원계획을 작성하는데 하나의 기준으로써 이용될 수 있다.

## ■ 필요한 인원계획표로 정리하자

필요한 인원계획을 작성하는 데 있어서 필수 인원수의 산정뿐만 아니라 이익에 대한 비율로 검토하는 것이 중요하다. 판매인원을 늘린다고 하는 것은 매출액의 증가가 기대되지만, 그러나 한편으로 인건비 부담이 증가하기 때문이다. 인건비는 판매비용 중에서 큰 비율을 차지하므로 인원수의 결정은 신중하게 이루어져야 한다. 따라서 판매부문의 인원수는 기본적으로 매출총이익과 대조하여 정하게 된다.

예를 들면 1명당 목표 매출총이익을 인건비의 3배로 설정한 경우 판매계획에는 그 금액을 계상하지 않으면 안 된다. 다만, 그 인원배치가 중장기계획을 주력으로 한 선행투자로서의 의미가 강한 경우는 일반적인 이익률의 저하도 부득이하다. 판매계획과 조정을 한 후, 인원계획을 정리한다. 구체적인 필요인원수의 검토에는 다음의 있는 필요인원계획 검토표를 이용하면 좋을 것이다.

포인트는 다음과 같다.
① 과거 3년 정도의 실적을 파악한다.
② 1인당 매출액, 매출총이익, 인건비 등을 산출한다.
그리고 최종적으로는 다음과 같은 필요인원계획표로 정리한다.

# 인원계획 검토표

| 항목 | | 인원(인) | | | 1인당(원) ② | | |
|---|---|---|---|---|---|---|---|
| | | 남성 | 여성 | 계 | 매출액 | 매출총이익 | 인건비 |
| 실적 ① | 사업기 | | | | | | |
| | 사업기 | | | | | | |
| | 사업기 | | | | | | |
| 계획 | | | | | | | |

# 필요인원 계획표

| 부문 | 판매 제1부 | | | 판매 제2부 | | |
|---|---|---|---|---|---|---|
| ○○기 초 인원 | | | | | | |
| ○○기 중 인원 | | | | | | |
| ○○기 중 퇴사인원 | | | | | | |
| 필요인원 | | | | | | |
| 기말인원 | | | | | | |

# 지역별 필요인원 계획표

(          년도 사업소          )

| 지역 | 매니저 | | | 영업담당 | | | 배송 | | | 기획관리 | | | 사무 | | | 합계 | | |
|---|---|---|---|---|---|---|---|---|---|---|---|---|---|---|---|---|---|---|
| | 남 | 여 | 계 | 남 | 여 | 계 | 남 | 여 | 계 | 남 | 여 | 계 | 남 | 여 | 계 | 남 | 녀 | 계 |
| | | | | | | | | | | | | | | | | | | |
| | | | | | | | | | | | | | | | | | | |
| | | | | | | | | | | | | | | | | | | |
| | | | | | | | | | | | | | | | | | | |
| | | | | | | | | | | | | | | | | | | |
| | | | | | | | | | | | | | | | | | | |
| | | | | | | | | | | | | | | | | | | |
| | | | | | | | | | | | | | | | | | | |
| 합계 | | | | | | | | | | | | | | | | | | |

> 사업소, 영업소 등에서 지역담당 그룹마다 요원계획을 세울 때 이용

# 06

## 매출채권 회수계획을 작성하자

확실한 고객관리로 신속하게 판매대금회수

## ◤ 매출채권회수계획의 목적

판매활동에서 매출대금의 회수작업이 상당히 중요하다. 대금회수가 늦거나 장사는 잘되나 이익이 남지 않는 상태가 된다. 대금의 미수는 현금흐름의 부족을 불러와 기업의 자금회전을 악화시키는 원인이 된다. 따라서 판매담당자는 신속하게 대금이 회수될 수 있도록 확실하게 고객관리를 할 필요가 있다.

일반적으로 매출액이 올라도 바로 현금이 들어오는 것이 아니라 외상판매대금이라고 하는 채권이 발행된다. 이 외상판매대금을 가능한 한 빨리 현금화하는 것이 원활한 경영활동을 하는 데 필요한 것이다. 다음 표는 상품의 판매(매출)과 대금의 회수, 매출채권의 관리관계를 나타낸 것이다.

상품을 판매하면 장부에는 매출액이 실적으로 기록된다. 즉, 상품을 납품하고 청구서를 발행하면 그 대금이 회수될 때까지는 외상판매대금으로서 계상되는 것이다. 그러나 외상판매대금은 현금화하지 않으면 실제로 자금으로서 사용할 수 없다.

외상판매대금은 현금이나 어음으로 회수하게 된다. 현금거래는 대금회수작업은 여기서 끝이지만, 어음으로 회수했을 때에는 현금화하기 위해 수취어음의 결제를 해야 한다. 또한, 수취어음 중 현금화되지 않고 남아 버린 것이 매출채권잔고가 된다. 매출채권의 회수계획에서는 이 매출채권잔고를 가능한 한 적게 하는 것이 목적이다.

# 매출채권의 관리

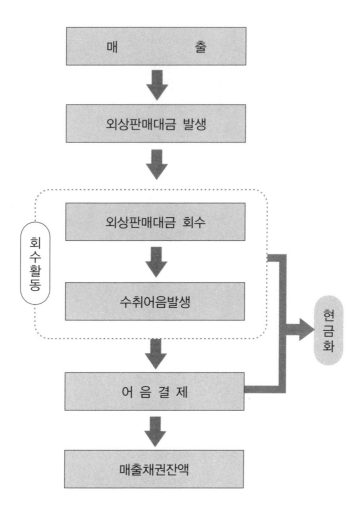

## ◼ 매출채권잔액 목표 기준지수

매출채권 회수계획을 작성하기 위해서는, 먼저 어느 정도의 기간으로 외상판매대금을 회수할까? 매출채권잔고를 어디까지 적게 할 수 있는가 하고 하는 목표치를 정할 필요가 있다. 그러기 위해서는 매출액과의 관련해서 검토하여야 한다. 왜냐하면, 매출채권액은 매출액의 증감에 따라 변동하는 것이기 때문이다.

매출채권잔액의 목표는 다음과 같은 기준을 근거로 하여 설정된다.

### ❶ 매출채권 회수율

매출채권 회수율은 매출채권이 1년간 몇 회전 하였는가, 외상판매대금이나 수취어음이 현금화하는 속도를 나타내고 있다. 이 수치가 클수록 효율적으로 회수되고 있는 것을 나타낸다. 매출채권 회수율은 연간 매출액을 매출채권잔액으로 나누면 산출할 수 있다. 실감하기가 어려운 것이 어려운 점이다. 매출채권 회수율은 대금회수조건의 좋고 나쁨을 판단하는 재료이기도 하며 그 수치는 일반적으로 클수록 좋지만, 업종이나 기업의 판매정책 등에 따라 크게 다르므로 표준비율이라고 하는 것은 없다.

따라서 이 비율이 적정한지 어떤지를 판단하기 위해서는 과거실적이나 동종업종 타사의 수치와 비교할 필요가 있다.

## ❷ 매출채권 회수기간

　매출채권회수기간은 매출채권잔액을 1개월 평균의 매출액으로 나눈 것으로 매출채권이 현금으로 회수될 때까지의 평균 월수를 산출하고 있다. 매출채권회수기간은 매출채권회수율보다 구체적이고 알기 쉬운 것이 특징이다. 따라서, 실제회수효율의 분석에서는 이 매출채권 회수기간을 많이 이용하고 있다. 매출채권의 회수효율을 매출채권 회전기간으로 검토할 때에도 과거의 실적이나 동종업종 타사의 수치와 비교할 필요가 있다.

　매출채권을 관리하기 위해서는 기본적으로 이 2가지 지수가 기준이 되지만, 실제로는 현금거래에 의한 외상판매대금이나 수취어음에 대해 따로따로 검토하는 것이 많다. 그 경우는 매출채권 회수율이나 매출채권회전기간 대신에 외상판매대금회전율, 외상판매대금회전기간, 수취어음회전율, 수취어음회전기간 등을 이용한다.

# 매출채권잔액지수

## 매출채권 회전율(회)

$$\frac{\text{연간매출액}}{(\text{외상판매대금} + \text{할인어음}) \text{ 잔액의 평균}}$$

## 매출채권 회전기간(월)

$$\frac{(\text{외상판매대금} + \text{수취어음} + \text{할인어음}) \text{ 잔액의 평균}}{1\text{개월 평균 매출액}}$$

## 외상판매대금 회전율(회)

$$\frac{\text{연간매출액}}{\text{외상판매대금의 잔액 평균}}$$

## 외상판매대금 회전기간(월)

$$\frac{\text{외상판매대금의 잔고 평균}}{1\text{개월 평균 매출액}}$$

## 수취어음 회전율(회)

$$\frac{\text{연간매출액}}{(\text{수취어음} + \text{할인어음}) \text{잔액의 평균}}$$

## 수취어음 회전기간(월)

$$\frac{(\text{수취어음} + \text{할인어음}) \text{잔액의 평균}}{1\text{개월 평균 매출액}}$$

## ■ 회수목표를 설정하자

매출채권잔액에 관한 지수가 이해되었다면 실제로 매출채권 회수 목표를 설정한다. 그 구체적인 순서는 다음과 같다. 검토표를 만들어 기재하면 알기 쉽다(외상판매대금과 수취어음을 따로 검토하는 사례).

### ❶ 과거실적을 기재한다

과거 3년 정도의 실적을 기재한다. 먼저 매출채권의 회수기간을 산출하기 위해, 연간매출액으로부터 1개월당 평균매출액(a)을 구한다. 또한, 매출채권잔액의 실적을 외상판매대금(b)과 수취어음(c)으로 나누어 기재한다.

### ❷ 회전기간을 산출한다.

외상판매대금과 수취어음을 각각 1개월당 매출액으로 나누어 외상판매대금 회전기간(d)과 수취어음 회전기간(e)를 산출한다.

### ❸ 전년대비 신장률을 기재한다

전년대비의 신장률(f)에 의해 과거경향을 알 수 있으므로 각각의 항목에 대해 계산한다.

### ❹ 1개월당 목표매출액을 기재한다

판매계획의 목표매출액으로부터 1개월당 목표매출액(g)을 계산한다.

### ❺ 매출채권 회전기간의 목표치를 설정한다

계획으로 계상하는 목표로서 매출채권 전체의 회전기간(h)을 설정한다. 그때, 일반적으로는 회수효율을 높이기 위해 실제 수치보다도 짧은 기간으로 설정한다. 다만, 거래처와의 거래조건은 간단하게는 변경할 수 없다. 실정을 충분히 고려하여 너무 무리한 목표를 세우지 않도록 한다.

## ❻ 매출채권합계 잔액을 기재한다

1개월당 목표매출액에 매출채권회전기간의 목표치를 곱하여 매출채권합계 잔액(i)을 산출한다.

## ❼ 회전기간을 산출한다

매출채권의 회전기간을 외상판매대금과 수취어음으로 나누어 외상판매대금 회전기간(j)과 수취어음 회전기간(k)를 산출한다. 이 2개의 합계는 매출채권의 회전기간이 된다.

## ❽ 매출채권잔액의 목표를 정한다

외상판매대금 합계금액(m)과 수취어음 합계금액(n)을 산출한다. 그리고 이 두 개를 합하여 월평균매출채권잔액의 목표가 정해진다. 단, 정확하게 말하면 매출채권잔액의 목표에도 매출액의 계절변동이 영향을 미친다. 월별로 검토할 경우에는 여기서 산출한 회전기간에 월별목표매출액을 곱하면 산출된다.

# 매출채권 회수계획 검토표

| 연도별 실적 / 매출액 대비 매출채권액 회전기간 | | 실적 | | | | | | 계 | |
|---|---|---|---|---|---|---|---|---|---|
| | | ○○○○년 | | ○○○○년 | | ○○○○년 | | ○○년 ~ ○○년 | |
| | | 금액 (원) | 신장률 (%) | 금액 (원) | 신장률 (%) | 금액 (원) | 신장률 (%) | 금액 (원) | 신장률 (%) |
| 매출액 | 연 간 | | | | | | | | |
| | 1 개 월 당 | ←a | | | | | | g | |
| 매출채권액 | 외상판매대금 | ←b | | | | | | m | |
| | 수 취 어 음 | ←c | | | | | | n | |
| | 계 | | | | | | | i | |
| 회전기간 | 외상판매대금 | ←d | | | | | | k | |
| | 수 취 어 음 | ←e | | | | | | j | |
| | 계 | | | | | | | h | |

## ◤ 매출채권 회수계획표로 정리하자

매출채권 회수계획에서 회수목표를 외상판매대금이나 수취어음의 회전기간(월수)으로 회전율을 산출하면 다음은 담당자가 실제로 고객을 관리할 수 있도록 매출채권 회수계획표로 정리한다. 즉, 매출채권 회수계획은 채권관리를 철저히 하기 위한 실행예정계획을 나타낸 것으로 담당자는 매출채권 회수예정표를 가지고 거래처를 방문하게 된다.

매출채권 회수예정표는 마감일로 계산된 청구금액을 계상하여 지급일에 맞추어 작성된다. 왜냐하면, 통상 거래처는 일정한 마감일과 지급일이 정해져 있기 때문이다.

매출채권 회수예정표의 구체적인 작성방법은 다음과 같다.

### ❶ 거래처의 결제일마다 작성한다

거래처가 1사(1명)인 경우는 드물며, 같은 결제일의 거래처를 하나의 매출채권 회수예정표로서 정리한다.

### ❷ 담당자의 이름을 기재한다

매출채권 회수계획을 실행에 옮기는 것은 담당자이므로 담당자성명은 중요하다.

### ❸ 전월 이월액을 기재한다

전월에 회수했어야 하는 매출채권으로 미회수된 잔액을 전월이월금으로 하여 기재한다.

### ❹ 당월 청구금액을 기재한다

상대의 마감일에 맞춘 매출액을 당월분의 발생금액으로서 기재한다.

### ❺ 당월 회수액을 기재한다

당월에 이미 회수(지급)된 분이 있다면 기재한다.

### ❻ 청구액을 기재한다

전월 이월액에 당월 발생액을 더한 것으로부터 당월 회수액과 회수
예정액을 제하여 당월분의 청구액으로 한다.

### ❼ 회수예정액의 내역을 기재한다

회수 예정액을 현금과 어음으로 나누어 기재한다.

### ❽ 회수예정액의 합계액을 기재한다

회수 예정인 현금과 어음을 합한다. 원칙적으로 이 합계액과 청구액
은 일치해야 하지만, 그렇게 되지 않을 경우는 회수에 곤란한 불량채권
이 있는 것을 의미한다.

### ❾ 실제로 회수된 금액을 기재한다(사후처리)

나중에 실적을 알 수 있도록 기재란을 설정해 둔다.

### ❿ 회수율을 기재한다(사후처리)

회수효율을 확인하기 위해 청구액에 대한 실적 비율을 "회수율(실적÷청구금액)"로서 산출한다. 이렇게 작성된 매출채권 회수예정표는 담당자분의 복사본을 준비하여 담당자 전원에게 나누어준다.


## ◢ 거래처별로 매출채권잔액을 점검하자

매출채권 회수계획에 따라 매출채권잔액을 줄이기 위해서는 거래처별로 관리할 필요가 있다. 그러기 위해서는 월마다 거래처별 매출채권잔액관리표를 작성한다.

이것은 「매출 → 외상판매대금 → 현금 / 수취어음 → 현금」이라고 하는 사이클을 염두에 두고 설계되어 있다.

매출채권잔액관리표를 작성할 때의 포인트는 다음과 같다.


### ❶ 매출채권을 외상판매대금과 수취어음으로 나누어 관리한다

전월 잔액을 외상판매대금과 수취어음별로 표시해 둔다.


### ❷ 당월매출액을 파악(예상)한다

당월매출액은 거래처별·월별판매계획에 있어서 목표 매출액의 예상 금액을 기재한다.


### ❸ 당월회수예정의 외상판매대금을 관리한다

당월회수의 외상판매대금에 대해서는 매출채권회수계획표에 있는 당월회수액을 현금과 수취어음으로 나누어 기재한다.

### ❹ 수취어음의 결제를 확인한다

당월회수의 수취어음에 대해서는 어음기간을 점검하여 만기일이 얼마나 남았는가 확인한다. 또 할인어음이 있는 경우는 그 회수에 대해서도 확인이 필요하다.

### ❺ 거래처별로 매출채권의 당월 잔액을 확인한다

거래처마다 당월 잔액을 외상판매대금과 수취어음으로 나누어 파악해 둔다.

### ❻ 여신한도 범위에서 체크한다

여신한도범위가 설정되어 있는 경우는 그 금액을 기재한다. 당월잔액은 이 여신한도 범위를 벗어나지 않도록 한다.

### ❼ 당월의 매출채권잔액을 체크한다

각 거래처의 당월 잔액의 합계액은 월별매출채권잔액과 일치해야 한다.

# 매출채권회수 계획표

___ 년 ___ 월 ___ 일

| 항목<br><br>거래처 | 담<br>당<br>자 | 전<br>월<br>이<br>월<br>액 | 당<br>월<br>발<br>생<br>액 | 당<br>월<br>회<br>수<br>액 | 청구액<br>(③<br>+④<br>-⑤) | 회수예정액 | | | 실<br><br>적 |
|---|---|---|---|---|---|---|---|---|---|
| | | | | | | 현금 | 어음 | 계 | |
| ① | ② | ③ | ④ | ⑤ | ⑥ | ⑦ | ⑦ | ⑧ | |
| | | | | | | | | | |
| | | | | | | | | | |
| | | | | | | | | | |
| | | | | | | | | | |
| | | | | | | | | | |
| | | | | | | | | | |
| | | | | | | | | | |
| | | | | | | | | | |
| | | | | | | | | | |
| 합계 | | | | | | | | | ― |

## ◤ 매출채권 회수계획을 실행하자

매출채권잔액을 큰 폭으로 줄이기 위해서는 거래처마다 판매조건을 변경하여야 한다. 그러나 이러한 교섭은 경영진을 포함한 판매부문의 책임자가 시간을 들여 하는 것이며, 매일매일의 매출채권 회수 활동에는 현재의 판매조건 안에서 얼마나 효율적으로 회수·현금화하는가가 포인트이다.

판매담당자나 부문 책임자는 매출채권회수계획표나 거래처별 매출채권잔액관리표를 사용하여 매출채권 회수계획을 실행에 옮기는 것이다. 그때 각각의 역할을 정확히 자각해 둘 필요가 있다.

- **판매담당자** … 회수율을 100% 달성 가능하도록 노력한다.

- **부문 책임자** … 매출채권회전기간의 목표치를 달성하도록 노력한다.

# 매출채권잔액 관리표

_____ 년 _____ 월 _____ 일          (단위 : 원)

| 거래처명 | 전월 잔액 | | | 당월 매출 | 당월 회수 | | | | | | | | 당월 잔액 | | | 여신 한도 |
|---|---|---|---|---|---|---|---|---|---|---|---|---|---|---|---|---|
| | 외상판매대금 | 수취어음 | 계 | | 외상판매대금 | | | | 수취어음 | | | 외상판매대금 | 어음 | 계 | |
| | | | | | 현금 | 어음 | 기타 | 계 | 만기일 | (할인) | 계 | | | | |
| | | | | | | | | | | | | | | | |
| | | | | | | | | | | | | | | | |
| | | | | | | | | | | | | | | | |
| | | | | | | | | | | | | | | | |
| | | | | | | | | | | | | | | | |
| | | | | | | | | | | | | | | | |
| | | | | | | | | | | | | | | | |
| | | | | | | | | | | | | | | | |
| | | | | | | | | | | | | | | | |
| | | | | | | | | | | | | | | | |
| | | | | | | | | | | | | | | | |
| | | | | | | | | | | | | | | | |
| | | | | | | | | | | | | | | | |
| | | | | | | | | | | | | | | | |
| | | | | | | | | | | | | | | | |
| 합계 | | | | | | | | | | | | | | | |

# 사업소별 영업수지 계획표

○ ○ 년도    사업소 :                                    (단위 : 원)

| | | 월 | 월 | 월 | 월 | 월 | 월 | 누계 |
|---|---|---|---|---|---|---|---|---|
| 매출대금 | 현 금 매 출 | | | | | | | |
| | 외상판매 현금회수 | | | | | | | |
| | 매 입 어 음 입 금 | | | | | | | |
| | ① 합      계 | | | | | | | |
| 구매대금 | 현 금 구 매 | | | | | | | |
| | 외상판매 현금결제 | | | | | | | |
| | 매입 어음 결산 | | | | | | | |
| | ② 합      계 | | | | | | | |
| 판매경비 | 현 금 결 제 | | | | | | | |
| | 미 결 제 비 결 제 | | | | | | | |
| | ③ 합      계 | | | | | | | |
| ④ 영 업 수 지 (① - ② - ③) | | | | | | | | |
| 수 취 어 음 회 수 | | | | | | | | |
| 지 불 어 음 발 행 | | | | | | | | |

본사 스텝 부문이 월마다 사업소별 영업수지를 파악할 때 이용

246

# 부서별 회수 관리표

부서 : _____                                      ___ 년  월

| 부서 | 총매출액 | 순매출액 | 마감 후 매출액 | 청구액 | 회수액 | 회수율 | 월말 외상 판매잔고 | 사이트 | 미결재 어음 잔고 | 매출 채권 총액 | 매출 채권 정체율 | 비교 |
|---|---|---|---|---|---|---|---|---|---|---|---|---|
|  |  |  |  |  |  |  |  |  |  |  |  |  |
|  |  |  |  |  |  |  |  |  |  |  |  |  |
|  |  |  |  |  |  |  |  |  |  |  |  |  |
|  |  |  |  |  |  |  |  |  |  |  |  |  |
|  |  |  |  |  |  |  |  |  |  |  |  |  |
|  |  |  |  |  |  |  |  |  |  |  |  |  |
|  |  |  |  |  |  |  |  |  |  |  |  |  |
|  |  |  |  |  |  |  |  |  |  |  |  |  |
|  |  |  |  |  |  |  |  |  |  |  |  |  |
|  |  |  |  |  |  |  |  |  |  |  |  |  |
|  |  |  |  |  |  |  |  |  |  |  |  |  |
|  |  |  |  |  |  |  |  |  |  |  |  |  |
|  |  |  |  |  |  |  |  |  |  |  |  |  |
|  |  |  |  |  |  |  |  |  |  |  |  |  |
|  |  |  |  |  |  |  |  |  |  |  |  |  |
|  |  |  |  |  |  |  |  |  |  |  |  |  |
| 합계 |  |  |  |  |  |  |  |  |  |  |  |  |

> 대금회수에 대해 부서마다의 실적을 파악하여, 매출채권을 관리하기 위한 시트

# 영업효율 체크표

○○ 년도 부서명 :

| 항          목 | ○ 기 | ○ 기 | ○ 기 |
|---|---|---|---|
| 1 인 당   매 출 액 (천원) | | | |
| 1 인 당  매 출 총 이 익 (천원) | | | |
| 1 인 당   영 업 이 익 (천원) | | | |
| 판   매   경   비   율 (%) | | | |
| 영 업 노 동 분 배 율 (%) | | | |
| 매   출   신   장   율 (%) | | | |
| 매 출 총 이 익 신 장 율 (%) | | | |
| 상   품   회   전   율 (회) | | | |
| 외 상 매 출 채 권 회 전 율 (%) | | | |
| 외 상 판 매 대 금 회 전 율 (%) | | | |
| 시   장   점   유   율 (%) | | | |
| 거 래 처 당 매 출 액 (천원) | | | |
| 신 제 품 매 출 비 율 (%) | | | |
| 신 규 개 척 건 수 (건) | | | |
| 월 간  1 인 당  방 문 건 수 (건) | | | |

> 매출총이익 · 매출액으로부터
> 매출채권관리까지  종합적인 검토를 하여, 판매계획의 작성 · 수정에 활용한다.

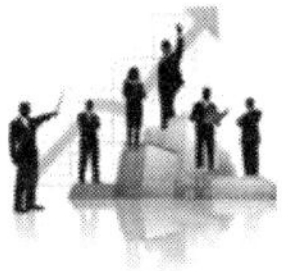

저자 | 토야마 타다오

일본 게이오대학 경제학부를 졸업하고, 주식회사 다이마루 총괄점장, 사장실 실장, 경영기획실장을 역임하고, 1998년에 토야마비즈니스컨설팅사를 설립하여 경영컨설턴트와 판매사, 중소기업진단사로 경영기획, 경영계획, 판매계획, 재무계획 등을 기업 등에 컨설팅하고 있다.

저자·역자 | 코페경영연구소

중소기업의 성장전략과 경영관리 등을 연구·교육·컨설팅하는 중소기업 전문 연구소이다. 번역·감수서로 〈목표관리실무〉〈기획서 제안서 작성매뉴얼〉〈동기부여 리더십〉〈보고서 리포트 작성기술〉〈매출 10억대 회사를 100억원으로 만드는 방법〉〈재무코칭〉〈주식매도방법〉〈시황별 주식투자방법〉등 다수가 있다.

**사업계획의 판매계획 수립과 작성**

2022년 7월 25일 개정판 발행

지은이    토야마 타다오, 코페경영연구소
옮긴이    코페경영연구소

발행인    강 석 원
발행처    한국재정경제연구소 《코페하우스》
출판등록    제2-584호 (1988.6.1)

주소    서울특별시 강남구 테헤란로 406, A-1303
전화    (02) 562 - 4355
팩스    (02) 552 - 2210
전자우편    kofe@kofe.kr
홈페이지    kofe.kr

ISBN    978-89-93835-68-7 (13320)

값    18,000원